Einführung in die synoptischen Evangelien

Einführung in die synoptischen Evangelien

unter der Aufsicht von
Richard P. Thompson

Theologische Grundlagen

Library of Congress Cataloging-in-Publication Data
Bibliografische Katalogisierung der Library of Congress

Richard P. Thompson (Ersteller).
[Introduction to the Synoptic Gospels / Richard P. Thompson]
Einführung in die synoptischen Evangelien / Richard P.
Thompson

129 + x Seiten. cm. 12,7 x 20,32
ISBN 979-8-89731-999-2 (Druckausgabe)
ISBN 979-8-89731-122-4 (Ebook)
ISBN 979-8-89731-123-1 (Kindle)

1. Synoptische Evangelien — Kritik, Auslegung
   usw.
2. Bibel. Neues Testament. Evangelien — Kritik,
   Auslegung usw.

BS2555 .T46 2025d

*Dieses Buch ist in anderen Sprachen erhältlich unter
www.DTLPress.com*

Titelbild: Buntglasfenster aus der Wesley-Kapelle, London,
"Gleichnis vom Sämann"
Foto: DTL-Team

Inhalt

Vorwort zur Reihe

Künstliche Intelligenz (KI) verändert alles, auch die theologische Wissenschaft und Lehre. Die Reihe „Theologische Grundlagen" soll das kreative Potenzial von KI in die theologische Ausbildung einbringen. Im traditionellen Modell verbrachte ein Wissenschaftler, der sowohl den wissenschaftlichen Diskurs beherrschte als auch erfolgreich im Unterricht tätig war, mehrere Monate – oder sogar Jahre – damit, einen Einführungstext zu schreiben, zu überarbeiten und neu zu schreiben. Dieser Text wurde dann an einen Verlag weitergeleitet, der ebenfalls Monate oder Jahre in die Produktion investierte. Obwohl das Endprodukt in der Regel recht vorhersehbar war, trieb dieser langsame und teure Prozess die Preise für Lehrbücher in die Höhe. Infolgedessen zahlten Studierende in Industrieländern mehr als nötig für die Bücher, und Studierende in Entwicklungsländern hatten meist keinen Zugang zu diesen (unerschwinglichen) Lehrbüchern, bis sie Jahrzehnte später als Ausschussware oder Spenden auftauchten. In früheren Generationen machte die Notwendigkeit der Qualitätssicherung – in Form von Inhaltserstellung, Expertenprüfung, Lektorat und Druckzeit – diesen langsamen, teuren und ausgrenzenden Ansatz möglicherweise unvermeidlich. KI verändert jedoch alles.

Diese Reihe ist ganz anders; sie wurde von KI erstellt. Der Einband jedes Bandes kennzeichnet das Werk als „unter Aufsicht" eines Experten auf dem jeweiligen Gebiet erstellt. Diese Person ist jedoch kein

Autor im herkömmlichen Sinne. Der Autor jedes Bandes wurde von den DTL-Mitarbeitern im Umgang mit KI geschult und nutzte KI, um den angezeigten Text zu erstellen, zu bearbeiten, zu überarbeiten und neu zu gestalten. Nachdem dieser Erstellungsprozess klar definiert ist, möchte ich nun die Ziele dieser Reihe erläutern.

Unsere Ziele

Glaubwürdigkeit: Obwohl KI in den letzten Jahren enorme Fortschritte gemacht hat und weiterhin macht, kann keine unbeaufsichtigte KI einen wirklich zuverlässigen oder glaubwürdigen Text auf Hochschul- oder Seminarniveau erstellen. Die Einschränkungen KI-generierter Inhalte liegen manchmal in den Inhalten selbst (möglicherweise ist das Trainingsset unzureichend), häufiger jedoch ist die Unzufriedenheit der Nutzer mit KI-generierten Inhalten auf menschliche Fehler zurückzuführen, die auf mangelhaftes Prompt-Engineering zurückzuführen sind. Der DTL-Verlag versucht, beide Probleme zu lösen, indem er etablierte Wissenschaftler mit anerkannter Expertise für die Erstellung von Büchern in ihren Fachgebieten engagiert und diese Wissenschaftler und Experten in KI-Prompt-Engineering ausbildet. Um es klarzustellen: Der Wissenschaftler, dessen Name auf dem Cover dieses Werks erscheint, hat diesen Band geschaffen – er hat das Werk erstellt, gelesen, überarbeitet, wiedergelesen und überarbeitet. Obwohl das Werk (in unterschiedlichem Maße) von KI erstellt wurde, erscheinen die Namen unserer wissenschaftlichen Autoren auf dem Cover als Garantie dafür, dass der Inhalt ebenso glaubwürdig ist wie jede Einführungsarbeit, die dieser Wissenschaftler/ Autor nach traditionellem Vorbild verfasst hätte.

Erschwinglichkeit: Der DTL-Verlag ist der Ansicht verpflichtet, dass Erschwinglichkeit kein

Hindernis für Wissen darstellen sollte. Alle Menschen haben gleichermaßen das Recht auf Wissen und Verständnis. Daher sind E-Book-Versionen aller DTL-Verlagsbücher kostenlos in den DTL-Bibliotheken und als gedruckte Bücher gegen eine geringe Gebühr erhältlich. Unseren Wissenschaftlern/Autoren gebührt Dank für ihre Bereitschaft, auf traditionelle Lizenzvereinbarungen zu verzichten. (Unsere Autoren erhalten für ihre kreative Arbeit eine Vergütung, jedoch keine Tantiemen im herkömmlichen Sinne.)

Zugänglichkeit: DTL Press möchte hochwertige und kostengünstige Einführungslehrbücher weltweit für alle zugänglich machen. Die Bücher dieser Reihe sind ab sofort in mehreren Sprachen erhältlich. Auf Anfrage erstellt DTL Press Übersetzungen in weitere Sprachen. Die Übersetzungen werden selbstverständlich mithilfe künstlicher Intelligenz erstellt.

Unsere anerkannten Grenzen

Einige Leser werden sich möglicherweise fragen: "Aber KI kann doch nur bestehende Forschung zusammenfassen – sie kann keine originelle, innovative Wissenschaft hervorbringen." Diese Kritik ist weitgehend berechtigt. KI ist im Wesentlichen darauf beschränkt, vorhandene Ideen zu aggregieren, zu organisieren und neu zu formulieren – auch wenn sie dies in einer Weise tun kann, die zur Beschleunigung und Verfeinerung der wissenschaftlichen Produktion beiträgt. Dennoch möchte DTL Press zwei wichtige Punkte hervorheben: Einführende Texte sind in der Regel nicht dazu gedacht, bahnbrechend originell zu sein, sondern bieten eine fundierte Einführung in ein Fachgebiet. DTL Press bietet weitere Buchreihen an, die sich der Veröffentlichung von origineller Wissenschaft mit traditionellen Autorenschaften widmen.

Unsere Einladung

DTL Press möchte die akademische Publikationslandschaft in der Theologie grundlegend umgestalten, um wissenschaftliche Forschung zugänglicher und erschwinglicher zu machen – und zwar auf zwei Wegen. Erstens streben wir an, Einführungstexte für alle theologischen Fachbereiche zu generieren, sodass Studierende weltweit nicht mehr gezwungen sind, teure Lehrbücher zu kaufen. Unser Ziel ist es, dass Dozierende überall auf der Welt ein oder mehrere Bücher aus dieser Reihe als Einführungslektüre in ihren Kursen nutzen können. Zweitens möchten wir traditionell verfasste wissenschaftliche Monografien im Open Access (kostenfrei zugänglich) veröffentlichen, um auch fortgeschrittenen wissenschaftlichen Lesern hochwertigen Inhalt bereitzustellen.

Schließlich ist DTL Press konfessionell ungebunden und veröffentlicht Werke aus allen Bereichen der Religionswissenschaft und Theologie. Traditionell verfasste Bücher durchlaufen ein Peer-Review-Verfahren, während die Erstellung KI-generierter Einführungswerke allen Wissenschaftlern mit entsprechender Fachkompetenz zur inhaltlichen Überwachung offensteht.

Falls Sie das Engagement von DTL Press für Glaubwürdigkeit, Erschwinglichkeit und Zugänglichkeit teilen, laden wir Sie herzlich ein, mit uns die Welt des theologischen Publizierens zu verändern – sei es durch die Mitarbeit an dieser Reihe oder an einer unserer traditionellen wissenschaftlichen Veröffentlichungen.

Mit hohen Erwartungen,

Thomas E. Phillips

Geschäftsführer von DTL Press

Kapitel 1
Wesen und Umfang der synoptischen Evangelien

Was sind die synoptischen Evangelien?

Die ersten drei Bücher des Neuen Testaments – Matthäus, Markus und Lukas – werden gemeinhin als die synoptischen Evangelien bezeichnet. Dieser Begriff leitet sich von den griechischen Wörtern *syn* ("zusammen") und *opsis* ("Ansicht") ab. Der Begriff weist darauf hin, dass diese Evangelien eine gemeinsame Perspektive haben und hinsichtlich Inhalt, Struktur und sogar Wortlaut "zusammen gesehen" werden können. Gelehrte verwenden häufig ein Hilfsmittel namens *Synopsis,* um diese Evangelien in parallelen Spalten nebeneinander anzuordnen. Auf diese Weise lassen sich Überschneidungen und Unterschiede zwischen ihnen leichter erkennen. So kann man zum Beispiel vergleichen, wie alle drei Evangelien die Geschichte von der Taufe Jesu durch Johannes den Täufer erzählen. Wortlaut und Reihenfolge sind bemerkenswert ähnlich, aber es gibt auch aufschlussreiche Unterschiede in Betonung und Ton.

Dieses gemeinsame Material umfasst nicht nur Berichte über Jesu öffentliches Wirken – seine Wunder, Lehren und Konfrontationen mit der Obrigkeit – sondern auch über seine Kreuzigung und Auferstehung. Und doch sind diese Evangelien keine bloßen Kopien voneinander. Jedes hat seinen eigenen unverwechselbaren Ton und seine eigene theologische Zielsetzung. Markus, von vielen als das älteste angesehen, ist rasant und dramatisch und porträtiert Jesus als leidenden Messias, der missverstanden und abgelehnt wird. Matthäus verwendet viel von Markus' Material erneut, passt es jedoch an, um Jesus als Lehrer und Erfüllung jüdischer Prophezeiungen hervorzuheben. Es enthält lange Lehrabschnitte wie die Bergpredigt, und verbindet Jesus eng mit Figuren wie Moses und David. Lukas, das längste der drei Evangelien, bietet eine umfassende Sicht auf Jesu Wirken, widmet dabei besonders Randgruppen – Frauen, Armen, Heiden – und betont Themen wie göttliches Mitgefühl und universelle Erlösung.

Die Ähnlichkeiten und Unterschiede der synoptischen Evangelien werfen grundlegende Fragen auf: Warum ähneln sich diese Texte so sehr? Wie erklären wir ihre Unterschiede? Was verraten uns diese literarischen Bezüge über die frühen Jünger Jesu und wie sie seine Geschichte prägten und weitergaben? Dabei handelt es sich nicht nur um historische Kuriositäten; sie beeinflussen unser Verständnis der Darstellung Jesu in den Evangelien, seiner Botschaft und der Bedeutung, die die frühen Gemeinden seinem Leben und Tod beimaßen.

Ebenso wichtig ist die Erkenntnis, dass diese Evangelien keine neutralen historischen Berichte oder modernen Biografien sind. Vielmehr sind sie theologische Erzählungen – kunstvolle Kompositionen, die den Sinn von Jesu Leben und nicht nur seine Ereignisse bezeugen sollen. Die Evangelisten, die Verfasser der Evangelien, wählten und arrangierten das Material, um ihre Überzeugungen darüber zu vermitteln, wer Jesus war und was seine Botschaft für ihre Gemeinden bedeutete. Sie waren keine passiven Informationsvermittler, sondern aktive Interpreten und Erzähler. Wenn wir die Evangelien als theologische Erzählungen verstehen, können wir sie nicht nur im Hinblick auf das "Geschehene" lesen, sondern im

Hinblick auf das, was den Verfassern am wichtigsten erschien.

Diese Perspektive wurde von zahlreichen Gelehrten betont, wie beispielsweise von Luke Timothy Johnson, der in *The Writings of the New Testament* schreibt, die Evangelien seien "Zeugendokumente", die geschrieben wurden, um Glauben zu inspirieren und Identität zu formen, und nicht einfach nur, um Fakten aufzuzeichnen. Ebenso erinnert Marianne Meye Thompson in *The Promise of the Father* die Leser daran, dass die Evangelien in die theologischen Anliegen ihrer Zeit eingebettet sind – jedes davon reagiert auf spezifische Herausforderungen, Fragen und Hoffnungen der frühen Jesus-Nachfolgergemein-schaften. Das aufmerksame Lesen der Evangelien erfordert Aufmerksamkeit für diese narrative Dynamik und die tiefen Überzeugungen, die jeden Text beleben.

Warum sind die synoptischen Evangelien wichtig?

Die synoptischen Evangelien prägen seit fast zwei Jahrtausenden die christliche Identität, Theologie und Praxis. Über ihre zentrale Rolle im religiösen Leben hinaus sind sie auch wichtige Quellen für alle, die den historischen Jesus, die Entstehung frühchristlicher Gemeinden und die soziale und politische Welt Judäas und Galiläas im ersten Jahrhundert verstehen möchten. Diese Evangelien zeichnen vielschichtige Porträts von Jesus als Lehrer, Prophet, Heiler und Messias und bewahren eine große Vielfalt an Reaktionen auf seine Botschaft und Mission.

Ein Grund für die große Bedeutung der synoptischen Evangelien liegt darin, dass sie ergänzende Einblicke in Jesu Leben und Vermächtnis bieten. Kein einzelnes Evangelium erzählt die "ganze Geschichte". Stattdessen bietet jedes eine theologische Interpretation, die von den jeweiligen Anliegen der

Gemeinschaft, literarischen Strategien und Schriftverständnissen geprägt ist. So enthält beispielsweise das Matthäusevangelium zahlreiche Zitate aus den Hebräischen Schriften, die zeigen, dass Jesus jüdische Prophezeiungen erfüllte, während Lukas mit einer umfassenden historischen Einleitung beginnt und die Geschichte in einem zweiten Band, der Apostelgeschichte, fortsetzt.

Da es sich bei den Evangelien nicht um Augenzeugenberichte oder journalistische Berichte handelt, müssen aufmerksame Leser fragen: Was bedeuten diese Geschichten im Kontext ihrer Erzählung? Wie spiegeln sie Erinnerung und Bedeutung wider? Diese Fragen haben Wissenschaftler dazu veranlasst, verschiedene Interpretationsmethoden zu entwickeln – historische, literarische, narrative und redaktionelle –, die den Lesern helfen sollen, die Kommunikation der Evangelien zu verstehen.

Beispielsweise James DG Dunn in seinem Werk *Jesus Remembered* die "mündliche Überlieferung" hinter den schriftlichen Evangelien und argumentiert, dass die Geschichten über Jesus schon lange vor ihrer Niederschrift in lebendigen Gemeinschaften kursierten. Andere, wie Sandra Schneiders, nutzen literarische und hermeneutische Methoden, um die Evangelien als Texte zu verstehen, die den Glauben sowohl widerspiegeln als auch prägen. Diese Vielfalt der Ansätze verdeutlicht den Reichtum der Evangelienforschung – sie ist nicht auf einen Blickwinkel beschränkt, sondern ermöglicht interdisziplinäre Erkenntnisse.

Ähnlichkeiten und Unterschiede: Aufstellung des synoptischen Problems

Eine der hartnäckigsten und einflussreichsten wissenschaftlichen Fragen rund um die synoptischen Evangelien ist das sogenannte Synoptische Problem.

Dieser Begriff beschreibt die Frage, wie sich sowohl die Ähnlichkeiten als auch die Unterschiede zwischen Matthäus, Markus und Lukas erklären lassen. So finden sich beispielsweise über 90% des Markusevangeliums auch bei Matthäus und etwa 50% bei Lukas. Matthäus und Lukas enthalten jedoch auch Textstellen, die bei Markus fehlen – wie das Vaterunser, die Seligpreisungen und mehrere einzigartige Gleichnisse. Dies wirft Fragen zur Entstehung dieser Texte und zur Frage auf, ob sie auf gemeinsamen schriftlichen oder mündlichen Quellen beruhen.

Die heute am weitesten verbreitete Lösung ist die Zwei-Quellen-Hypothese. Sie geht davon aus, dass Markus zuerst geschrieben wurde und sowohl Matthäus als auch Lukas Markus als Quelle nutzten. Darüber hinaus wird angenommen, dass Matthäus und Lukas auf ein heute verschollenes Dokument namens Q zurückgriffen – eine hypothetische Sammlung von Jesu Sprüchen, wie etwa der Anweisung zur Feindesliebe und der Warnung vor Heuchelei. Obwohl Q nie als Manuskript entdeckt wurde, hilft seine theoretische Existenz zu erklären, wie Matthäus und Lukas bestimmtes Material gemeinsam nutzen, das bei Markus fehlt.

Nicht alle Wissenschaftler akzeptieren die Q-Theorie. Die Farrer-Hypothese argumentiert beispielsweise, dass Lukas sowohl Markus als auch Matthäus direkt verwendete, wodurch die Notwendigkeit von Q entfällt. Befürworter wie Mark Goodacre in *The Case against Q* wird dieses Modell als ökonomischer und durch literarische Belege gestützt angesehen. Andere Wissenschaftler, wie beispielsweise John Kloppenborg, verteidigen die Q-Hypothese weiterhin und rekonstruieren ihren wahrscheinlichen Inhalt und ihre theologischen Themen in Werken wie *Exavacating Q*.

Debatten über das synoptische Problem mögen zunächst technisch erscheinen, sind aber von großer Bedeutung. Sie beeinflussen unser Verständnis der Entstehung der Evangelien, der Überlieferung der Lehren Jesu und der redaktionellen Strategien der Evangelisten. Gab es eine gemeinsame Quelle, die Jesu ethische Aussagen und apokalyptische Warnungen hervorhob? Hat Lukas die Reihenfolge und den Inhalt des Matthäusevangeliums bewusst angepasst oder hatte er Zugang zu unabhängigen Überlieferungen? Die Auseinandersetzung mit diesen Fragen eröffnet uns ein Verständnis dafür, wie sich die frühen Jünger Jesu in unterschiedlichen Kontexten mit seiner Erinnerung und seiner Botschaft auseinandersetzten.

Wie sollten wir die synoptischen Evangelien lesen?

Das aufmerksame Lesen der synoptischen Evangelien erfordert mehr als nur das bloße Aufnehmen ihres Inhalts. Es erfordert sorgfältige Beachtung von Form, Struktur, Sprache und theologischer Vision jedes einzelnen Evangeliums. Diese Texte sind nicht nur Aufzeichnungen vergangener Ereignisse; sie sind kunstvolle Erzählungen, die den Glauben und die Lebensweise ihrer Leser prägen sollen. Daher sind die Leser aufgefordert, darauf zu achten, was jedes Evangelium betont, wie es die Geschichte Jesu strukturiert und welche theologischen Botschaften es vermittelt.

Im Markusevangelium beispielsweise wird Jesus wiederholt geschildert, wie er die Menschen anweist, seine Identität nicht preiszugeben – das sogenannte Messiasgeheimnis. Warum stellt Markus Jesus auf diese Weise dar? Um die geheimnisvolle Natur der Rolle Jesu zu betonen oder um das Missverständnis der Jünger widerzuspiegeln? Matthäus hingegen legt großen Wert auf Jesus als Lehrer und präsentiert lange

Reden wie die Bergpredigt, die seiner ethischen Vision Struktur verleihen. Lukas hingegen stellt Frauen, Fremde und Arme in den Mittelpunkt der Evangeliumsgeschichte und arbeitet Themen wie Inklusion, Gerechtigkeit und göttliche Barmherzigkeit heraus.

Wissenschaftlerinnen wie Elizabeth Struthers Malbon erforschen mithilfe der Erzählkritik, wie Geschichten erzählt werden – nicht nur, was erzählt wird. In *Jesus bei Markus* zeigt Malbon, wie Markus' Darstellung Jesu durch literarische Techniken wie Ironie, narrative Lücken und Mehrdeutigkeit geprägt ist. Ähnlich argumentiert Joel Green, dass Lukas' Theologie in die Art und Weise eingebettet ist, wie sich Geschichten im Laufe der Zeit entfalten, und dass wir die narrative Entwicklung verfolgen müssen – nicht nur theologische Thesen.

Daher erfordert die aufmerksame Lektüre der synoptischen Evangelien Fragen wie: Was verraten die Entscheidungen des Evangelisten über seine Gemeinde? Wie werden die Figuren dargestellt? Welche Erzählmuster zeichnen sich ab? Was bleibt unausgesprochen, und warum könnte das wichtig sein? Eine solche Lektüre ist ein vielschichtiger Prozess, der Neugier und anhaltendes Engagement belohnt.

Was ist der Zweck eines eingehenden Studiums der synoptischen Evangelien?

Sich eingehend mit den synoptischen Evangelien auseinanderzusetzen bedeutet, sie mit Ernsthaftigkeit, Neugier und Lernbereitschaft zu betrachten – nicht nur über Jesus, sondern auch über die Gemeinschaften, die ihm folgten, die Welt, in der sie lobten, und die literarischen Formen, mit denen sie ihren Glauben zum Ausdruck brachten. Es geht darum, die Evangelien nicht nur zu studieren, um bestehende

Glaubensvorstellungen zu bestätigen, sondern um ihre Tiefe, Vielfalt und theologische Kunstfertigkeit zu erforschen.

Diese Art des Studiums erfordert nicht, die eigene Überzeugung aufzugeben; vielmehr lädt sie die Leser zu tieferer Reflexion ein. So wie man ein großes Kunstwerk oder Musikstück sowohl mit emotionaler Wertschätzung als auch mit technischem Verständnis studieren kann, so können auch die Evangelien auf ihre Bedeutung, Komplexität und nachhaltige Wirkung hin studiert werden. Bei aufmerksamer Lektüre beginnen wir zu erkennen, wie diese Texte die moralische Vorstellungskraft, das religiöse Denken und das Gemeinschaftsleben unzähliger Generationen geprägt haben.

In diesem Geiste vereint ein sorgfältiges Studium Erkenntnisse aus mehreren Disziplinen – Geschichte, Theologie, Literatur, Kulturwissenschaften – um uns zu einem besseren Verständnis der Evangelien zu verhelfen. Wissenschaftler wie Dale C. Allison Jr., NT Wright und Amy-Jill Levine haben zu dieser umfassenderen Diskussion beigetragen. Allison betont die Erinnerungs- und Bedeutungsebenen der Jesus-Überlieferungen (*Constructing Jesus*), Wright verortet die Evangelien in der politischen Welt des Judentums des Zweiten Tempels (*Jesus and the Victory of God*), und Levine fordert die Leser auf, die Evangelien mit frischen Ohren zu hören und dabei ein Gespür für ihre jüdischen Wurzeln und modernen Implikationen zu entwickeln (*Short Stories by Jesus*).

Letztlich sind die synoptischen Evangelien nicht nur antike Texte; sie sind lebendige Erzählungen, die das ethische, spirituelle und gemeinschaftliche Leben bis heute prägen. Sie aufmerksam zu studieren bedeutet, aufmerksam zuzuhören, mutig Fragen zu stellen und den Reichtum einer Tradition zu entdecken, die nach wie vor lebendig und transformativ ist.

Kapitel 2
Das synoptische Problem

Das Puzzle noch einmal betrachten: Ein genauerer Blick

In Kapitel 1 haben wir das Synoptische Problem vorgestellt – den Begriff, mit dem Gelehrte die literarischen Beziehungen zwischen den Evangelien von Matthäus, Markus und Lukas beschreiben. Dort stellten wir fest, dass sich diese drei Texte in Inhalt und Wortwahl auffallend ähneln. Sie erzählen oft dieselben Geschichten in derselben Reihenfolge und verwenden manchmal dieselben Formulierungen. Dennoch unterscheiden sie sich – manchmal subtil, manchmal dramatisch – darin, was sie enthalten, was sie weglassen, wie sie den Text anordnen und wie sie Jesus und seine Mission darstellen. Die Kernfrage des Synoptischen Problems lautet: Wie erklären wir die Ähnlichkeiten und Unterschiede zwischen diesen drei Evangelien?

Dies ist kein abstraktes oder technisches Problem. Wer versteht, wie diese Evangelien verfasst wurden, versteht auch die Natur des Evangelienschreibens, die Erinnerungs- und Traditionsprozesse der frühen Jesusbewegung und die unterschiedlichen theologischen Perspektiven, die die Geschichte Jesu in verschiedenen Gemeinschaften prägten. Durch eine eingehendere Untersuchung des synoptischen Problems entdecken wir nicht nur, wie die Evangelien miteinander in Beziehung stehen, sondern auch, wie die frühen Jünger Jesu seine Geschichte auf unterschiedliche, aber miteinander verbundene Weise prägten und weitergaben.

Der Beweis von Ähnlichkeit und Unterschied

Aufmerksame Leser der Evangelien bemerken schnell, dass Matthäus, Markus und Lukas viele Inhalte gemeinsam haben. Diese gemeinsamen Abschnitte – oft als "dreifache Tradition" bezeichnet – umfassen zentrale Episoden wie Jesu Taufe, seine Versuchung in der Wüste, die Berufung der Jünger, die Speisung der Fünftausend und die Ereignisse der Passion Christi. In vielen dieser Geschichten ist der Wortlaut in allen Evangelien nahezu identisch, bis hin zum Satzbau und Wortschatz. Dies deutet nicht nur auf gemeinsame Erinnerung oder mündliche Überlieferung hin, sondern auf direkte literarische Übernahme – das heißt, ein oder mehrere Autoren nutzten ein anderes Evangelium als schriftliche Quelle.

Doch neben diesen Ähnlichkeiten gibt es ebenso wichtige Unterschiede. Jedes Evangelium enthält seinen eigenen, einzigartigen Stoff. Matthäus enthält eine ausführliche Geburtsgeschichte, den Besuch der Heiligen Drei Könige, die Bergpredigt und das Gleichnis von den Schafen und Böcken – all das kommt bei Markus und Lukas nicht vor. Lukas erzählt eine andere Geburtsgeschichte mit Hirten, Engeln und dem Magnificat sowie Gleichnissen wie dem barmherzigen Samariter und dem verlorenen Sohn. Markus hingegen ist das kürzeste und prägnanteste der drei Evangelien und lässt oft Stoff aus, den Matthäus und Lukas enthalten. Es zeichnet sich zudem durch einen unverwechselbaren Erzählstil aus, springt mit dem Wörtchen "sofort" schnell von einem Ereignis zum nächsten und stellt die Jünger oft in einem weniger schmeichelhaften Licht dar.

Vielleicht noch aufschlussreicher sind die Unterschiede im theologischen Ton und in der theologischen Betonung. Der Jesus des Markus ist geheimnisvoll über seine Identität und wird oft missverstanden, während der Jesus des Matthäus ein meisterhafter Lehrer ist, der in fünf großen Reden spricht und dabei Mose und die Thora widerspiegelt. Der Jesus des Lukas ist mitfühlend, aufmerksam gegenüber Frauen und Außenstehenden und von Anfang an vom Geist Gottes erfüllt. Diese besonderen Merkmale deuten auf bewusste Entscheidungen der Evangelisten hin – Entscheidungen, die sowohl theologische Ziele als auch literarisches Können widerspiegeln.

Die Zwei-Quellen-Hypothese: Ein weit verbreitetes wissenschaftliches Modell

Die Zwei-Quellen-Hypothese (2SH) ist die am weitesten verbreitete Theorie zur Erklärung der literarischen Verwandtschaft der synoptischen Evangelien. Sie geht davon aus, dass Markus das erste geschriebene Evangelium war und dass Matthäus und Lukas unabhängig voneinander Markus als Quelle nutzten. Neben Markus sollen Matthäus und Lukas auch Zugang zu einer weiteren, heute verlorenen schriftlichen Quelle gehabt haben, die von Wissenschaftlern als Q bezeichnet wird. Dieses Zwei-Quellen-Modell bietet eine schlüssige Erklärung sowohl für das Material, das allen drei synoptischen Evangelien gemeinsam ist, als auch für das Material, das bei Matthäus und Lukas, nicht jedoch bei Markus, zu finden ist.

Diese Theorie entwickelte sich im Laufe der Zeit. Ihre klassische Ausformulierung erhielt sie im frühen 20. Jahrhundert durch die Arbeit von BH Streeter, der nicht nur Markus und Q, sondern auch Material, das nur bei Matthäus (von ihm M genannt) und nur bei Lukas (L) vorkommt, vorschlug. Obwohl die spätere Forschung M und L als eigenständige Dokumente weniger betont, bleibt Streeters grundlegende Erkenntnis zentral: Matthäus und Lukas schöpften jeweils aus mehreren Quellen, die sie ihren theologischen und literarischen Zielen entsprechend kombinierten und anpassten.

Der Kern der Zweiquellenhypothese liegt in der Erklärung von Texten doppelter Tradition – Passagen, die sowohl bei Matthäus als auch bei Lukas vorkommen, bei Markus jedoch fehlen. Dazu gehören einige der bekanntesten Lehren Jesu, wie das Vaterunser, die Feldpredigt (die Parallele zu Lukas' Bergpredigt), ethische Aussagen wie "Liebe deine Feinde" und Gleichnisse wie das vom verlorenen Schaf. Die Konsistenz dieses Materials sowie die oft hohe Übereinstimmung zwischen Matthäus und Lukas in diesen Passagen legen nahe, dass beide aus einer gemeinsamen Textquelle schöpften.

Das hypothetische Dokument Q ist zwar in keiner Handschrift erhalten, gilt aber als ein Sprücheevangelium – eine Sammlung der Lehren Jesu ohne narrativen Rahmen. Gelehrte wie John S. Kloppenborg haben bedeutende Beiträge zur Erforschung von Q geleistet. In In seinem Werk *The Formation of Q* identifiziert Kloppenborg zwei Hauptebenen im Text: eine frühere, "weisheitliche" Ebene, die sich auf Weisheitslehren (z. B. Segnungen und ethische Anweisungen) konzentriert, und eine spätere, "apokalyptische" Ebene, die vor dem Gericht warnt und die Dringlichkeit der Reue betont. Diese vielschichtige Sichtweise von Q spiegelt die Dynamik der frühchristlichen Theologie wider, die im Laufe der Zeit von unterschiedlichen gesellschaftlichen Bedürfnissen und Anliegen geprägt wurde.

Der Glaube an die Existenz von Q spiegelt auch Annahmen über die Unabhängigkeit von Matthäus und Lukas wider. Wenn sie die Evangelien des jeweils anderen nicht kannten, muss ihre Übereinstimmung in nichtmarkinischem Material auf eine andere gemeinsame Quelle zurückzuführen sein. Anhänger der Zwei-Quellen-Hypothese halten diese Erklärung für plausibler als die Vorstellung einer direkten literarischen Abhängigkeit zwischen Matthäus und Lukas, insbesondere angesichts der Unterschiede in der Anordnung, Erweiterung und Lokalisierung dieses gemeinsamen Materials.

Während Q ein hypothetisches Konstrukt bleibt, bietet die Zwei-Quellen-Hypothese weiterhin einen wirkungsvollen Rahmen für die Erforschung der literarischen Zusammenhänge zwischen den Evangelien und berücksichtigt dabei auch ihre Vielfalt in Stil, Inhalt und theologischer Ausrichtung.

Markus-Priorität: Warum Markus wahrscheinlich zuerst kam

Die Annahme, dass Markus das früheste der synoptischen Evangelien war – bekannt als Markuspriorität –, bildet die Grundlage der meisten modernen Theorien zur Entstehung der Evangelien, einschließlich der Zweiquellenhypothese. Diese Position ist nicht nur weit verbreitet, sondern wird auch durch mehrere überzeugende interne und externe Belege gestützt.

Erstens ist das Markusevangelium deutlich kürzer als das Matthäus- und das Lukasevangelium, und ein Großteil seines Inhalts findet sich – oft wörtlich – auch in den anderen beiden Evangelien wieder. Matthäus enthält etwa 90% des Markusevangeliums, Lukas mehr als die Hälfte. Wenn Matthäus und Lukas beide Markusevangeliumstexte verwenden, stimmen sie häufig überein und übernehmen manchmal fast wortwörtlich den Wortlaut des Markusevangeliums. Dieses Muster deutet stark darauf hin, dass Markus als Ausgangsdokument diente.

Zweitens sind Sprache und Stil des Markus im Allgemeinen primitiver oder weniger kultiviert als die von Matthäus und Lukas. Markus' Griechisch ist ungeschliffen und voller umgangssprachlicher Ausdrücke, Redundanzen und lebhafter, aber ungelenker Ausdrücke. So verwendet Markus beispielsweise oft das Wort "sofort" (griechisch: *euthus)*, um rasch von einer Szene zur nächsten zu wechseln, was der Erzählung ein atemloses und dramatisches Tempo verleiht. Matthäus und Lukas glätten diese Ecken und Kanten häufig, indem sie Redundanzen beseitigen und durch elegantere Konstruktionen ersetzen. Dieses Muster sprachlicher Verbesserungen deutet darauf hin, dass Markus' Version zuerst entstand und später von den anderen Evangelisten überarbeitet wurde.

Drittens enthält Markus mehrere herausfordernde oder problematische Details, die Matthäus und Lukas entweder weglassen oder abschwächen. In Markus 3,21 versucht beispielsweise Jesu eigene Familie, ihn zurückzuhalten, indem sie sagt: "Er ist von Sinnen." Weder Matthäus noch Lukas erwähnen diese Episode. Ebenso stellt Markus Jesus in bestimmten Szenen mit eingeschränkter Macht oder begrenztem Wissen dar, etwa als er in seiner Heimatstadt keine Wunder vollbringen kann (Markus 6,5) oder als er seine Unwissenheit über den Zeitpunkt des Endes bekennt (Markus 13,32). Diese Merkmale sind oft theologisch schwierig, und es ist wahrscheinlicher, dass spätere Autoren sie überarbeitet oder weggelassen haben, als dass sie sie erfunden haben. Die redaktionelle Logik der Verbesserung ist von

Markus auf Matthäus und Lukas plausibler als umgekehrt.

Gelehrte wie Joel Marcus und Adela Yarbro Collins, die beide bedeutende Kommentare zu Markus veröffentlicht haben, betonen die theologische Tiefe und literarische Raffinesse des Evangeliums trotz seiner raueren Oberfläche. Sie heben die apokalyptische Dringlichkeit, die erzählerische Ironie und die zentrale Bedeutung Jesu als leidendem Sohn Gottes hervor. Die Anerkennung von Markus als ältestem Evangelium hilft Wissenschaftlern, die Entwicklung dieses theologischen Bildes anhand der ausführlicheren und interpretativeren Darstellungen bei Matthäus und Lukas nachzuvollziehen.

Die Theorie der Markus-Priorität erklärt nicht nur literarische Muster, sondern unterstreicht auch, wie die Evangelisten als Interpreten und Herausgeber fungierten, nicht nur als Bewahrer der Tradition. Indem wir Markus als das grundlegende Evangelium betrachten, beginnen wir zu verstehen, wie sich spätere Evangelisten mit älterem Material auseinandersetzten – es bewahrten, umgestalteten und für neue Leser neu kontextualisierten.

Alternativen zur Zweiquellentheorie: Farrer, Griesbach und andere Modelle

Obwohl die Zweiquellenhypothese nach wie vor vorherrschend ist, gibt es auch Kritiker. Es wurden mehrere alternative Theorien vorgeschlagen, die das synoptische Problem ohne Rückgriff auf ein hypothetisches Q-Dokument zu lösen versuchen. Die bekannteste davon ist die Farrer-Hypothese, gefolgt von der Griesbach-Hypothese und anderen weniger akzeptierten Modellen

Die Farrer-Hypothese geht davon aus, dass Markus zuerst verfasst wurde, gefolgt von Matthäus und schließlich Lukas, der beide vorhergehenden Evangelien verwendete. Diese Theorie schließt Q vollständig aus und argumentiert stattdessen, dass der gemeinsame Inhalt von Matthäus und Lukas (die sogenannte "Doppeltradition") durch Lukas' direkte Verwendung von Matthäus erklärt werden kann. Dies würde bedeuten, dass Lukas den Inhalt von Matthäus nach seinen eigenen theologischen Prioritäten ausgewählt, bearbeitet und neu geordnet hat.

Vertreter dieser Ansicht, wie beispielsweise Mark Goodacre, argumentieren, diese Erklärung sei ökonomischer und durch literarische Belege besser untermauert als die Annahme einer verlorenen Quelle. Goodacres Werk, darunter auch *The Case Against Q*, stellt die Annahmen hinter dem Zwei-Quellen-Modell in Frage und argumentiert, Lukas' literarische Techniken – seine Auslassungen, Verschiebungen und Neuinterpretationen von Matthäus' Text – ergäben mehr Sinn, wenn er Zugang zu Matthäus' Text gehabt hätte.

Das Farrer-Modell stützt sich auch auf Muster verbaler Übereinstimmung zwischen Matthäus und Lukas. In manchen Passagen ist die Übereinstimmung so groß, dass sie sich nur schwer ohne direkte literarische Abhängigkeit erklären lässt. Dennoch ist die Farrer-Hypothese nicht unproblematisch. Wenn Lukas beispielsweise Matthäus verwendet, warum lässt er dann große und theologisch wertvolle Abschnitte wie den Großteil der Bergpredigt weg? Warum ordnet Lukas Matthäus' Text so gründlich um oder rekontextualisiert ihn, dass seine Struktur dadurch unkenntlich wird? Diese redaktionellen Entscheidungen werfen Fragen auf, die in der Forschung noch immer diskutiert werden.

Die Griesbach-Hypothese, auch Zwei-Evangelien-Hypothese genannt, geht von einer völlig anderen Reihenfolge aus: Matthäus wurde zuerst geschrieben, gefolgt von Lukas und schließlich Markus, der die beiden früheren Evangelien nutzte, um eine komprimierte und vereinfachte Erzählung zu schaffen. Dieses Modell, das im 20. Jahrhundert von William R. Farmer wiederbelebt wurde, argumentiert für den Vorrang des Matthäusevangeliums und betrachtet Lukas und Markus als sukzessive Überarbeitungen des ursprünglichen Evangeliums. Griesbach-Anhänger verweisen auf die frühchristliche Tradition, die Matthäus als erstes Evangelium bezeichnet, und betonen die theologische Kohärenz des Lukasevangeliums als abhängig von Matthäus.

Diese Sichtweise ist jedoch erheblichen Herausforderungen ausgesetzt. Wenn Markus sowohl auf Matthäus als auch auf Lukas Zugriff hatte, warum ließ er dann umfangreiches Material – darunter die Geburtsberichte, Schlüssellehren und Gleichnisse – aus und präsentierte einen knapperen und weniger ausführlichen Bericht? Warum verfasste ein späterer Autor ein kürzeres und scheinbar weniger umfassendes Evangelium, indem er so viel aus zwei ausführlicheren Evangelien wegließ? Diese Fragen haben die meisten Gelehrten zu dem Schluss geführt, dass die Abhängigkeit in die andere Richtung verläuft: von Markus zu Matthäus und Lukas.

Es wurden auch andere Modelle vorgeschlagen, beispielsweise Theorien, die mehrere mündliche Überlieferungen, verlorene frühe evangelienähnliche Texte oder komplexe redaktionelle Schichten berücksichtigen. Diese spiegeln die komplexe und dynamische Natur der Evangelienkomposition wider. Unabhängig vom konkreten Modell sind sich alle Wissenschaftler einig, dass die Evangelien als Produkte bewusster Gestaltung gelesen werden müssen – nicht als spontane Abschriften von Ereignissen, sondern als

Erzählungen, die in Gemeinschaften entstanden, von Traditionen geprägt und von theologischen Visionen geleitet wurden.

Warum das synoptische Problem wichtig ist

Die Auseinandersetzung mit dem synoptischen Problem führt zu einigen der tiefgreifendsten und prägendsten Fragen der Evangelienforschung. Das Verständnis der Entstehung der synoptischen Evangelien und ihrer Beziehung zueinander hilft den Lesern, ihre Übereinstimmungen und Unterschiede zu verstehen. Es wirft Licht auf die redaktionellen Strategien der Evangelisten, die Art und Weise, wie mündliche und schriftliche Überlieferungen bewahrt wurden, und die theologischen Prioritäten, die jede Evangelienerzählung prägten.

Das synoptische Problem hat auch erhebliche Auswirkungen auf unser Verständnis des historischen Jesus. Wenn wir feststellen können, welche Quellen die ältesten sind und wie sie verwendet wurden, können wir besser einschätzen, welche Lehren und Taten Jesu auf die frühesten Erinnerungen seiner Anhänger zurückgehen könnten. Gelehrte wie James DG Dunn haben in *Jesus Remembered* die Bedeutung der mündlichen Überlieferung und des gemeinschaftlichen Gedächtnisses für die Entstehung der Evangelien betont, während andere wie Dale C. Allison Jr. und EP Sanders versucht haben, den wahrscheinlichen historischen Kern von späterer theologischer Interpretation zu unterscheiden.

Heiligen Schrift selbst nachzudenken. Die Evangelien sind keine identischen Berichte, die vom Himmel diktiert wurden, sondern vielfältige und dynamische Zeugnisse, die von verschiedenen Gemeinschaften für unterschiedliche Zwecke geprägt wurden. Diese Vielfalt schwächt ihre Botschaft nicht, sondern bereichert sie. Sie erinnert uns daran, dass die Wahrheit Jesu nicht auf eine einzige Perspektive beschränkt ist, sondern durch viele Zeugen vermittelt wird, jeder mit seinem eigenen Schwerpunkt und seiner eigenen Stimme.

Ausblick: Die Synoptiker mit Einsicht lesen

Während wir unsere Untersuchung der synoptischen Evangelien fortsetzen, tragen wir die Erkenntnisse aus der Auseinandersetzung mit dem synoptischen Problem mit uns. Wir erkennen nun, dass diese Texte miteinander verbunden und doch unverwechselbar sind, geprägt sowohl von gemeinsamer Tradition als auch von individueller Theologie. Wir verstehen, dass jedes Evangelium Teil eines größeren literarischen Kontextes ist und dass uns die Wertschätzung ihrer Ähnlichkeiten und Unterschiede hilft, ihre Botschaft klarer zu verstehen.

Anstatt die Evangelien auf mechanische Kompositionen oder historische Rätsel zu reduzieren, öffnet uns diese Art des Studiums ihre Tiefe, ihren Reichtum und ihre theologische Kraft. Sie ermöglicht es uns, sie sorgfältiger zu lesen, fundiertere Fragen zu stellen und die Komplexität des frühchristlichen Zeugnisses zu erfassen. Das synoptische Problem ist also nicht nur eine zu lösende Schwierigkeit – es öffnet den Weg zu einem tieferen Verständnis und lädt uns ein, die Evangelien als vielschichtig, zielgerichtet und voller Bedeutung zu betrachten.

.

Kapitel 3
Historischer und kultureller Kontext der Evangelien

Einleitung: Warum der Kontext wichtig ist

Wenn wir die synoptischen Evangelien – Matthäus, Markus und Lukas – lesen, tauchen wir in Erzählungen voller fesselnder Charaktere, eindringlicher Verkündigungen und eindringlicher Momente göttlicher Begegnung ein. Doch diese Geschichten, so eindringlich sie auch sein mögen, entstanden nicht isoliert. Sie wurden in einem komplexen Geflecht historischer Umstände, kultureller Traditionen, politischen Drucks und religiöser Erwartungen geschrieben. Um sie richtig zu verstehen und ihre Botschaft so zu hören, wie es ihr ursprüngliches Publikum vielleicht getan hätte, müssen wir die Welt hinter dem Text betrachten – die konkrete Realität des Lebens im östlichen Mittelmeerraum im ersten Jahrhundert.

Der Kontext ersetzt nicht die Bedeutung – er erhellt sie. Je mehr wir über die römische Kaiserherrschaft, den jüdischen Sektierertum, die volkstümlichen Messiashoffnungen, die Wirtschaftsstrukturen und das griechisch-römische Denken verstehen, desto deutlicher können wir die theologischen, ethischen und politischen Ansprüche der Evangelien verstehen. Tatsächlich sind viele Taten und Lehren Jesu erst dann vollständig verständlich, wenn wir das Umfeld verstehen, in dem sie verkündet wurden: eine Welt imperialer Macht und bäuerlichen Kampfes, von Synagogenkult und Tempelopfern, von hoffnungsvoller apokalyptischer Sehnsucht und zermürbender wirtschaftlicher Not.

Dieses Kapitel untersucht die historische und kulturelle Matrix der synoptischen Evangelien und konzentriert sich dabei auf fünf miteinander verbundene Dimensionen: den römisch-kaiserlichen Kontext, die vielfältigen Ausdrucksformen des Judentums des 1. Jahrhunderts, die apokalyptische Weltanschauung und eschatologischen Hoffnungen, die das jüdische Leben durchdrangen, die Zerstörung des Tempels im Jahr 70 n. Chr. und den allgegenwärtigen Einfluss der griechisch-römischen Kultur. Indem wir uns mit diesen Kräften befassen, lernen wir nicht nur zu verstehen, was in den Evangelien steht, sondern auch, warum sie es so sagen, wie sie es tun – und wie diese Botschaft bei ihren ersten Zuhörern gewirkt haben könnte.

Der römisch-kaiserliche Kontext

Zur Zeit der Entstehung der Evangelien – etwa zwischen 65 und 90 n. Chr. – war das Römische Reich die dominierende politische und militärische Macht im Mittelmeerraum. Die römische Herrschaft über Judäa und Galiläa begann 63 v. Chr. mit der Annexion der Region durch Pompeius und blieb dank einer Kombination aus militärischer Macht, wirtschaftlicher Ausbeutung und ideologischer Überzeugung gefestigt. Die Römer regierten nicht nur mit Gewalt; sie entwickelten eine politische Theologie, eine Reihe von Geschichten und Symbolen, die den Kaiser als Überbringer göttlichen Friedens und göttlicher Ordnung darstellten.

Diese imperiale Ideologie durchdrang das öffentliche Leben. Der Kaiser war nicht nur Herrscher, sondern wurde oft als göttlich angesehen. Titel wie "Sohn Gottes", "Retter", "Herr" und "Friedensbringer" (lateinisch: *DIVI FILIUS, SOTER, KYRIOS, PAX ROMANA*) wurden Kaisern wie Augustus routinemäßig verliehen. Diese Titel prangten auf Münzen, wurden in Tempel eingraviert und bei öffentlichen Ritualen gesungen. Die römische Herrschaft war nicht nur ein politisches Gefüge – sie war ein heiliger Orden, und die Loyalität gegenüber Cäsar war sowohl bürgerlich als auch religiös.

In diesem Zusammenhang war die Verkündigung, dass Jesus der "Herr" (*kyrios*) ist, nicht bloß eine spirituelle Behauptung. Sie war eine kontraimperiale Behauptung, eine Erklärung, dass wahre Autorität und Erlösung nicht beim Kaiser, sondern beim gekreuzigten und auferstandenen Christus lägen. Gelehrte wie Richard Horsley (in *Jesus and Empire*) und Tom Wright (in *Paul and the Faithfulness of God*) haben hervorgehoben, wie die frühchristliche Sprache die römische Macht untergrub, indem sie ihren eigenen Wortschatz auf neue und radikale Weise verwendete.

Wirtschaftlich waren die Auswirkungen des römischen Imperialismus deutlich spürbar. Hohe Steuern finanzierten römische Straßen, Armeen und den Lebensstil der Elite. Lokale Herrscher wie die Herodes trieben Steuern im Namen Roms ein und bereicherten sich dabei oft selbst. Land konzentrierte sich zunehmend in den Händen weniger, während Bauern, Tagelöhner und Handwerker ums Überleben kämpften. Die häufige Auseinandersetzung mit Schulden, Hunger, Ungerechtigkeit und Reichtum in den Evangelien ist keine abstrakte Moralisierung – sie spiegelt eine reale und bedrückende wirtschaftliche Realität wider.

Reich Gottes spricht, mit den Armen speist oder vor den Gefahren des Reichtums warnt, tut er dies in einer Welt, in der Macht und Geld von einer kleinen

Elite kontrolliert wurden. Wenn er Kranke heilt oder Unberührbare berührt, stellt er nicht nur religiöse Reinheitsgebote in Frage, sondern auch die sozialen Hierarchien imperialer und lokaler Machtstrukturen. Wer die Evangelien ohne diesen imperialen Hintergrund liest, übersieht viel von ihrer Radikalität und ihrer Vision einer neuen Gemeinschaft, die in göttlicher Gerechtigkeit statt in imperialer Kontrolle wurzelt.

Jüdische Vielfalt im ersten Jahrhundert

Das Judentum des ersten Jahrhunderts war von bemerkenswerter innerer Vielfalt geprägt. Weit davon entfernt, eine monolithische Religion zu sein, umfasste das Judentum zur Zeit Jesu verschiedene Gruppen, Bewegungen und Perspektiven, die die Heilige Schrift unterschiedlich interpretierten und sich Israels Zukunft anders vorstellten. Diese Unterschiede helfen uns, die Konflikte in den Evangelien zu verstehen – nicht als Ablehnung des Judentums an sich, sondern als Teil einer innerjüdischen Debatte darüber, wie man in einer Zeit der Unterdrückung und Unsicherheit Gott treu bleiben kann.

Zu den bekanntesten Gruppen zählten die Pharisäer, die Wert auf die Einhaltung der Thora, den Glauben an die Auferstehung der Toten und die Autorität sowohl des geschriebenen als auch des mündlichen Gesetzes legten. Sie wurden für ihre Gelehrsamkeit und religiöse Hingabe geschätzt und hatten großen Einfluss auf die Synagogen, die die lokalen Zentren des jüdischen Gemeindelebens waren. Die Evangelien schildern Jesus oft im Konflikt mit den Pharisäern, insbesondere bei Themen wie Reinheit, Sabbatheiligung und Gesetzesauslegung. Diese Auseinandersetzungen sind jedoch als innerjüdische Auseinandersetzungen zu betrachten, die unterschiedliche Vorstellungen von Bundestreue widerspiegeln.

Die Sadduzäer hingegen waren mit der Tempelpriesterschaft und der Jerusalemer Elite verbunden. Sie leugneten die Auferstehung und das mündliche Gesetz und galten oft als kooperativer mit den römischen Behörden. Ihre Macht wurzelte im Tempelsystem, das bis zu seiner Zerstörung im Jahr 70 n. Chr. ein zentraler Bestandteil des jüdischen religiösen Lebens war. Die Evangelien stellen die Sadduzäer als Gegner Jesu dar, insbesondere in Fragen der Auferstehung und der religiösen Autorität.

Eine dritte Gruppe, die Essener, vermutlich verbunden mit der Gemeinde von Qumran (bekannt durch die Schriftrollen vom Toten Meer), zog sich aus der Gesellschaft zurück und gründete eine separatistische, apokalyptische Bewegung. Sie erwarteten ein unmittelbar bevorstehendes Eingreifen Gottes, um Israel zu reinigen und einen gerechten Rest zu etablieren. Ihre Schriften sprechen von zwei messianischen Gestalten – einer priesterlichen und einer königlichen – und einem Endkampf zwischen den "Söhnen des Lichts" und den "Söhnen der Finsternis". Obwohl sie in den Evangelien nicht erwähnt werden, spiegelt ihre Weltanschauung Aspekte der Botschaft Johannes des Täufers wider und hilft, die apokalyptischen Themen in Jesu Lehren in einen Kontext zu setzen.

Darüber hinaus gab es auch populäre messianische Bewegungen und revolutionäre Persönlichkeiten wie Judas den Galiläer, die sich der römischen Besteuerung und Autorität widersetzten. Diese Persönlichkeiten wurden oft als Bedrohung des Status quo angesehen und von der römischen Macht rasch niedergeschlagen. In diesem Umfeld blieb die Hoffnung auf einen Messias – einen von Gott gesalbten

Führer, der Israels Schicksal wiederherstellen würde – eine mächtige und gefährliche Erwartung.

Im Mittelpunkt des jüdischen Alltagslebens standen Gebet, Almosengeben, Reinheit und die Einhaltung des Sabbats. Die meisten Juden gehörten keiner konfessionellen Gruppe an, sondern brachten ihren Glauben durch Gottesdienste in der Synagoge, Wallfahrten (wie Pessach) und die auf der Tora basierende Frömmigkeit zum Ausdruck. Die Evangelien gehen von dieser Welt aus: Jesus lehrt in Synagogen, besucht Feste und beteiligt sich an Debatten über Reinheit und Gesetz.

Das Verständnis dieser vielfältigen jüdischen Landschaft ist für die Interpretation von Jesu Handeln unerlässlich. Seine Konflikte mit den Pharisäern und Sadduzäern waren nicht antijüdischer Natur, sondern Teil einer umfassenderen Diskussion darüber, was es bedeutet, Israel zu sein, wie man Gottes Willen interpretiert und wie man in einer Welt lebt, die von Unterdrückung und der Sehnsucht nach Erlösung geprägt ist.

Apokalyptische Weltanschauung und eschatologische Hoffnung

Ein erheblicher Teil der jüdischen Bevölkerung des 1. Jahrhunderts lebte mit dem tiefen Gefühl unerfüllter Versprechen. Obwohl sie an den Gott glaubten, der Israel in der Vergangenheit aus Ägypten, durch das Exil und in die Wiederherstellung geführt hatte, befanden sie sich nun unter römischer Herrschaft, ohne einen davidischen König, und über Jahrhunderte hinweg herrschte prophetisches Schweigen. In diesem Umfeld wandten sich viele einer apokalyptischen Weltanschauung zu, einer Linse, durch die sie Leid und Ungerechtigkeit verstehen und gleichzeitig die Hoffnung bewahren konnten.

Die Apokalyptik war sowohl eine literarische Gattung als auch eine theologische Ausrichtung. Zu ihren wichtigsten Merkmalen zählten der Dualismus – der Glaube an die Zweiteilung der Geschichte in das gegenwärtige böse Zeitalter und das kommende Zeitalter; Offenbarung – meist vermittelt durch Visionen, Träume oder Engelsgestalten; Symbolik – oft kunstvoll und kosmisch; und die Hoffnung auf göttliche Intervention, oft verbunden mit einem Jüngsten Gericht, der Auferstehung der Toten und der Rechtfertigung der Gerechten. Zu den grundlegenden apokalyptischen Texten zählen Daniel, insbesondere Kapitel 7 mit seiner Vision des "Menschensohns", und 1. Henoch, das die Weltanschauung von Gruppen wie den Essenern stark beeinflusste.

In den Evangelien tauchen diese Themen häufig auf. Jesu Verwendung des Begriffs "Reich Gottes" evoziert nicht nur allgemeine Vorstellungen göttlicher Herrschaft, sondern auch den dramatischen Einbruch der Gerechtigkeit Gottes in eine zerbrochene Welt. Seine Gleichnisse sprechen oft von einer verspäteten Abrechnung, einer letzten Ernte oder einer überraschenden Wende des Schicksals – allesamt Kernstücke apokalyptischen Denkens. Markus 13, oft die "Kleine Apokalypse" genannt, schildert kosmische Zeichen, Drangsale und die Ankunft des Menschensohnes – ein direktes Echo von Daniel.

Viele moderne Gelehrte haben diese apokalyptische Dimension betont. Bart Ehrman argumentiert in *Jesus: Apocalyptic Prophet of the New Millennium,* dass Jesus sich selbst als Prophet sah, der die baldige Ankunft der Herrschaft Gottes ankündigte. Dale Allison baut in *Constructing Jesus* auf dieser Behauptung auf und weist darauf hin, dass Jesu Lehren und symbolische Handlungen – insbesondere seine Heilungen und Exorzismen – auf eine prophetische

Vorstellungskraft hinweisen, die vom Glauben an den Zusammenbruch des gegenwärtigen Zeitalters und den Anbruch eines neuen geprägt war.

Diese apokalyptische Hoffnung war nicht eskapistisch. Vielmehr vermittelte sie moralische Visionen und gemeinschaftlichen Mut. Sie rief die Menschen zur Treue in der Gegenwart auf, getragen vom Glauben an Gottes Gerechtigkeit. Vielen Juden und frühen Jüngern Jesu bot die Apokalyptik eine Sprache des Protests und des Durchhaltens. Sie bekräftigte, dass Gott ihr Leid sah, das Böse gerichtet und die Gerechten wiederhergestellt würden. Sie stellte Jesu Mission nicht nur als ethische Reform dar, sondern als Beginn einer neuen kosmischen Realität.

Die Zerstörung des Tempels und ihre Folgen

Nur wenige Ereignisse prägten die Welt der Evangelien und des frühen Christentums so nachhaltig wie die Zerstörung des Zweiten Tempels in Jerusalem durch die Römer im Jahr 70 n. Chr. Dieses verheerende Ereignis folgte einem jüdischen Aufstand, der 66 n. Chr. begann und von den Römern mit überwältigender Gewalt niedergeschlagen wurde. Nach einer brutalen Belagerung drangen die Römer in die Stadt ein, zerstörten den Tempel und metzelten oder versklavten Zehntausende ihrer Bewohner nieder. Der Historiker Josephus, ein jüdischer Feldherr, der zum römischen Chronisten wurde, liefert anschauliche – wenn auch manchmal propagandistische – Berichte über die Verwüstungen des Krieges.

Theologisch und kulturell war der Verlust des Tempels erschütternd. Der Tempel war nicht nur ein religiöses Gebäude; er war das Zentrum jüdischer Identität und Gottesanbetung. Hier wurden Opfer dargebracht, die Priesterschaft diente und Himmel und Erde sollten sich begegnen. Seine Zerstörung stellte den

Status der Priesterschaft, die Wirksamkeit der Sühne und die Zukunft jüdischen Lebens in Frage.

Für die frühen Gemeinden, die Jesus folgten, war die Zerstörung des Tempels sowohl ein Trauma als auch eine theologische Chance. Viele Gelehrte glauben, dass das Markusevangelium, das älteste der synoptischen Evangelien, kurz vor oder nach diesem Ereignis verfasst wurde. In Markus 13 sagt Jesus den Untergang des Tempels voraus, stellt ihn als göttliches Gericht dar und mahnt zur Wachsamkeit. Für diese frühen Gemeinden war die Zerstörung des Tempels nicht das Ende der Hoffnung, sondern die Bestätigung von Jesu prophetischer Botschaft und der Beginn einer neuen Ära.

Die Zeit nach 70 n. Chr. markierte einen entscheidenden Wendepunkt in der jüdischen Geschichte. Da die Priesterschaft vernichtet und das Opfersystem nicht mehr praktikabel war, begann sich das jüdische Leben um die Synagoge, das Thorastudium und die rabbinische Führung herum neu zu organisieren. Dieser Prozess führte zum Aufbau des heutigen rabbinischen Judentums mit seiner Betonung von ethischem Verhalten, Gebet und gemeinschaftlichem Gedächtnis.

Für Christen, insbesondere nichtjüdische Gläubige, dürfte das Ereignis die Distanz zwischen Synagoge und Kirche beschleunigt haben. Die Spannungen zwischen Jesus-Anhängern und anderen jüdischen Gruppen wurden durch Traumata, Konkurrenzkampf und unterschiedliche Reaktionen auf die Krise noch verstärkt. Die Evangelien – insbesondere das Matthäusevangelium, das einige der schärfsten Polemiken überliefert – spiegeln diese Zeit theologischer Auseinandersetzungen und der Identitätsfindung wider.

Gleichzeitig regte die Zerstörung des Tempels zu tiefer theologischer Reflexion an. Wo sollte Gott ohne einen zentralen Kultort zu finden sein? Konnte Jesus selbst als der neue Tempel, als Ort der Gegenwart Gottes angesehen werden? Die Evangelien beantworten diese Frage implizit mit einem klaren Ja. Der erzählerische Fokus auf Jesus als denjenigen, in dem Gott wohnt, der gekreuzigt und auferstanden ist, wird zur neuen Grundlage für das Verständnis von Sühne, Zugang zu Gott und göttlicher Gegenwart.

Griechisch-römische kulturelle Einflüsse

Während die römische politische Macht und das jüdische religiöse Leben den unmittelbarsten Kontext der Evangelien bilden, muss auch die breitere griechisch-römische Kulturwelt berücksichtigt werden. Seit den Eroberungen Alexanders des Großen im 4. Jahrhundert v. Chr. waren griechische Sprache und Kultur im östlichen Mittelmeerraum weit verbreitet. Im 1. Jahrhundert n. Chr. war die Region ein Mosaik aus hellenistischen Städten, griechischer Bildung, römischem Recht und einer Mischung philosophischer und religiöser Traditionen.

Die meisten Juden im östlichen Mittelmeerraum waren zwei- oder dreisprachig: Sie sprachen Aramäisch und lasen die hebräischen Schriften, nutzten aber auch Griechisch als Lingua franca für Handel, Verwaltung und Geistesleben. Das Neue Testament selbst ist in Koine-Griechisch verfasst, dem im gesamten römischen Raum gebräuchlichen Dialekt. Dadurch konnten die Evangelien sowohl unter jüdischen als auch nichtjüdischen Lesern weit verbreitet werden.

Die griechische Bildung legte großen Wert auf Rhetorik und Erzählkunst, und diese Einflüsse sind in den Evangelien sichtbar. Die Verwendung von Gleichnissen, symbolischen Handlungen, strukturierten Reden und chiastischen Mustern zeugt von der Vertrautheit mit breiteren literarischen Konventionen. Insbesondere Lukas eröffnet sein Evangelium mit einem Vorwort im Stil der griechisch-römischen Geschichtsschreibung (Lukas 1,1 – 4). Dies deutet darauf hin, dass er sich nicht nur als Theologe, sondern auch als Historiker sah, der sich an ein gebildetes Publikum wandte.

Philosophisch wurde die Welt der Evangelien von Strömungen wie Stoizismus, Platonismus und einer Volksethik geprägt, die Tugend, Schicksal und die Suche nach göttlicher Wahrheit betonten. Obwohl sich die Evangelien nicht explizit mit diesen Systemen auseinandersetzen, behandeln sie Fragen nach dem guten Leben, dem menschlichen Schicksal und dem Wesen wahrer Weisheit. Jesu Lehren über Demut, Friedensstiftung und Vergeltungslosigkeit widersprechen oft sowohl römischen Ehrenkodizes als auch griechisch-römischen philosophischen Idealen.

Religiös war die Welt des ersten Jahrhunderts von Pluralismus und Synkretismus geprägt. Die Menschen verehrten lokale Götter, Herrscherfiguren und Mysterienreligionen wie Isis, Mithras und Dionysos. Opfer, Rituale und Feste waren fester Bestandteil des gesellschaftlichen Lebens. Vor diesem Hintergrund war die frühchristliche Behauptung, Jesus allein sei der Herr, und die Treue zu ihm könne die Ablehnung anderer Loyalitäten erfordern, ebenso überzeugend wie umstritten.

Städte wie Antiochia, Korinth, Ephesus und Rom wurden zu Zentren christlicher Mission und der Rezeption des Evangeliums. Das städtische Leben mit seinen Handels- und Kommunikationsnetzwerken und seiner sozialen Vielfalt bot einen fruchtbaren Boden für die Ausbreitung der Jesusbewegung. Die Evangelien selbst könnten in oder für städtische Gemeinschaften verfasst worden sein, die sich mit der Frage auseinandersetzen mussten, wie man in einer komplexen, multikulturellen Welt gläubig leben kann.

Zusammenfassend lässt sich sagen, dass die Evangelien eine tiefe Auseinandersetzung sowohl mit der jüdischen Tradition als auch mit der griechisch-römischen Kultur widerspiegeln. Es handelt sich dabei nicht um provinzielle oder isolierte Texte, sondern um theologisch wertvolle Dokumente, die im Dialog mit Reichen, Philosophien und sozialen Welten weit jenseits der Berge Galiläas verfasst wurden.

Fazit: Die Evangelien in ihrer Welt sehen

Um die synoptischen Evangelien mit Sorgfalt und Einsicht zu betrachten, reicht es nicht aus, sie als zeitlose Wahrheiten oder isolierte Geschichten zu lesen. Wir müssen sie in die Welt einordnen, die sie hervorgebracht hat – eine Welt, die von imperialer Herrschaft, religiösem Streben, wirtschaftlicher Ungleichheit und kultureller Komplexität geprägt ist. Diese kontextuelle Auseinandersetzung mindert ihre Bedeutung keineswegs, sondern erweitert sie. Sie hilft uns, die Evangelien so zu hören, wie ihre ersten Hörer sie gehört haben: als frohe Botschaft, die inmitten von Macht, Unterdrückung und Hoffnung verkündet wurde.

Die Evangelien sprechen von Jesus nicht als körperloser spiritueller Figur, sondern als jüdischem Lehrer, Propheten und Heiler, der unter römischer Herrschaft lebte, sich seiner religiösen Tradition verpflichtet fühlte und die Menschen zu einer neuen Vision von Gottes Herrschaft berief. Seine Botschaft basierte auf den Schriften Israels, richtete sich an reale Gemeinschaften und entstand als Reaktion auf reale Kämpfe. Er verkündete ein Königreich, das nicht dem Kaiser gehörte, eine Gemeinschaft, die Ausgestoßene und Arme einschloss, und eine Hoffnung, die den Glauben an Auferstehung über den Tod und Gerechtigkeit über das Imperium hinaus wagte.

Wenn wir den historischen und kulturellen Kontext der Evangelien verstehen, können wir sie nicht nur genauer interpretieren – wir werden auch aufmerksamer dafür, wie sie uns bis heute in unsere eigenen Lebenswelten der Ungerechtigkeit, Sehnsucht und Transformation hineinwirken. Die Welt der Evangelien mag fern sein, doch ihre Themen sind uns auffallend vertraut. Damals wie heute sehnen sich die Menschen nach Heilung, Wahrheit, Befreiung und Hoffnung. Und die Geschichte Jesu, einst in Galiläa verkündet und von Evangelisten im Schatten des Imperiums niedergeschrieben, bietet noch heute ein Wort des Lebens für alle, die Ohren haben zu hören.

Kapitel 4
Quellen- und Redaktionskritik

Einleitung: Wie die Evangelien Gestalt annahmen

Die synoptischen Evangelien – Matthäus, Markus und Lukas – sind nicht einfach nur Sammlungen von Jesu Aussprüchen oder unredigierte historische Berichte. Sie sind sorgfältig ausgearbeitete theologische Erzählungen, verfasst von Autoren, die das Material so auswählten, gestalteten und arrangierten, dass es eine bestimmte Vision davon vermittelte, wer Jesus war und was sein Leben, sein Tod und seine Auferstehung bedeuteten. Obwohl sie in Erinnerung und Tradition verwurzelt sind, spiegeln sie auch die Interpretationsentscheidungen und redaktionellen Ansichten ihrer Autoren wider.

Dieses Kapitel stellt zwei der wichtigsten wissenschaftlichen Methoden zur Erforschung der Entstehung der Evangelien vor: die Quellenkritik und die Redaktionskritik. Die Quellenkritik untersucht das schriftliche Material, das den Evangelisten wahrscheinlich zur Verfügung stand, und wie sie es nutzten. Die Redaktionskritik hingegen konzentriert sich darauf, wie jeder Evangelist diese Quellen bearbeitete und überarbeitete, um bestimmte theologische Überzeugungen, pastorale Anliegen und literarische Ziele zum Ausdruck zu bringen.

Beide Ansätze basieren auf der Erkenntnis, dass die Evangelien das Ergebnis eines komplexen Prozesses der Überlieferung, Reflexion und Komposition sind. Sie helfen den Lesern, über Fragen einfacher Fakten oder Harmonisierung hinauszugehen und die Evangelien stattdessen als literarische und theologische Konstrukte zu verstehen, die von historischen Gemeinschaften geprägt wurden, die die Bedeutung Jesu treu bezeugen wollten.

Die Entstehung der Quellenkritik

Die moderne Erforschung der Evangelien begann ernsthaft während der Aufklärung, als Gelehrte erstmals systematische historische und literarische Fragen zur Bibel stellten. Im 18. und 19. Jahrhundert bemerkten Denker wie Johann Jakob Griesbach und Christian Hermann Weisse, dass die synoptischen Evangelien große Textabschnitte gemeinsam hatten, oft in derselben Reihenfolge und mit identischem Wortlaut im Griechischen. Diese Muster deuteten nicht nur auf mündliche Überlieferung, sondern auch auf direkte literarische Entlehnung hin.

Als sich diese Erkenntnis entwickelte, schlugen Gelehrte verschiedene Modelle vor, um die literarischen Zusammenhänge der Evangelien zu erklären. Das einflussreichste davon war die Zwei-Quellen-Hypothese, die davon ausgeht, dass Markus das früheste schriftliche Evangelium war und dass sowohl Matthäus als auch Lukas Markus als Quelle verwendeten. Neben Markus scheinen Matthäus und Lukas noch weiteren Stoff gemeinsam zu haben – insbesondere Aussprüche Jesu –, die in beiden Evangelien zu finden sind, nicht jedoch in Markus. Gelehrte glauben, dass dieser Stoff wahrscheinlich aus einer anderen, heute verlorenen gemeinsamen Quelle stammt, die nach dem deutschen Wort "Q" benannt wurde.

Diese Theorie erklärt mehrere Merkmale der synoptischen Evangelien. Erstens erklärt sie, warum über 90 Prozent des Markusevangeliums bei Matthäus und über die Hälfte bei Lukas zu finden sind – was darauf schließen lässt, dass beide späteren Evangelisten auf Markus' grundlegender Erzählung aufbauten. Zweitens erklärt sie die sogenannte "Doppeltradition" – Texte, die Matthäus und Lukas gemeinsam haben, bei Markus jedoch fehlen, wie die Seligpreisungen, das Vaterunser und das Gleichnis vom verlorenen Schaf. Schließlich erklärt sie den unterschiedlichen Inhalt und die Anordnung der einzelnen Evangelien, die oft die individuellen theologischen Interessen des jeweiligen Autors widerspiegeln.

Die Q-Quelle ist zwar hypothetisch, wurde aber durch Textrekonstruktion umfassend untersucht. Wissenschaftler wie John S. Kloppenborg argumentierten, dass Q eine eigene theologische Struktur hatte, die sich möglicherweise stufenweise von sapientialem (weisheitsorientiertem) zu apokalyptischem Material entwickelte. James M. Robinson betrachtete Q als ein vollwertiges "Sprücheevangelium", das möglicherweise eine Strömung des frühen Christentums repräsentierte, die sich stärker auf die Lehren Jesu als auf die Erzählung seines Todes und seiner Auferstehung konzentrierte.

Die Quellenkritik erhebt nicht den Anspruch, Originaldokumente oder Augenzeugenberichte direkt wiederherzustellen. Sie ermöglicht es Wissenschaftlern und Lesern jedoch, nachzuvollziehen, wie die Evangelisten auf frühere Quellen zurückgriffen und das überlieferte Material für neue Zwecke umgestalteten. Sie enthüllt die Evangelien als dialogische Texte, die Teil einer lebendigen und vielschichtigen Tradition der Erinnerung, Interpretation und Verkündigung der Bedeutung Jesu sind.

Die Logik und das Erbe der Zwei-Quellen-Hypothese
Die Zweiquellenhypothese ist nach wie vor das am weitesten verbreitete Modell zur Erklärung der

literarischen Beziehungen zwischen den synoptischen Evangelien. Sie hat sich als wirksam erwiesen, um zu erklären, warum Matthäus und Lukas der grundlegenden Erzählstruktur des Markusevangeliums folgen und gleichzeitig wesentliches Spruchmaterial einbeziehen, das bei Markus nicht zu finden ist. Diesem Modell zufolge arbeiteten die Autoren von Matthäus und Lukas unabhängig voneinander und hatten sowohl Zugang zum Markusevangelium als auch zu Q, nicht jedoch zu den Schriften des jeweils anderen.

Diese Sichtweise verdeutlicht nicht nur die Abfolge der Ereignisse, sondern auch die theologischen Muster der Evangelien. Vergleicht man beispielsweise die Versuchungsgeschichten von Matthäus und Lukas, so stellt man fest, dass beide auf eine gemeinsame Quelle zurückgreifen. Die letzte Versuchung verorten sie jedoch an unterschiedlichen Orten – Matthäus endet auf einem hohen Berg, Lukas im Tempel in Jerusalem. Sollten sie unabhängig voneinander dieselbe Quelle verwendet haben, deuten ihre Abweichungen eher auf theologische Entscheidungen als auf gegenseitige Übernahme hin.

Trotz ihrer Stärken ist die Zweiquellen-hypothese nicht ohne Herausforderungen. Die wichtigste davon ist, dass Q nie als Dokument entdeckt wurde und kein früher Kirchenvater es explizit erwähnt. Einige Wissenschaftler, wie Mark Goodacre, argumentieren, es sei plausibler anzunehmen, dass Lukas sowohl Markus als auch Matthäus direkt verwendete, wodurch die Notwendigkeit einer verlorenen Quelle entfiele. Diese Alternative ist als Farrer-Hypothese bekannt und wird in Kapitel 2 erörtert.

Dennoch ist die Q-Theorie bei vielen Gelehrten weiterhin vorherrschend, da sie sowohl die gemeinsamen als auch die unterschiedlichen Merkmale von Matthäus und Lukas gut erklärt. Sie erinnert uns auch daran, dass das frühe Christentum keine einheitliche Bewegung war, sondern eine Vielzahl von Stimmen und Traditionen, von denen einige die Lehren Jesu lange vor ihrer Entstehung in erzählenden Evangelien bewahrten.

Redaktionskritik: Die Evangelisten als Theologen

Während sich die Quellenkritik auf das bereits vorhandene Material konzentriert, das die Evangelisten verwendeten, widmet sich die Redaktionskritik der Frage, wie sie dieses Material beim Schreiben gestalteten. Diese Methode entstand Mitte des 20. Jahrhunderts, als Wissenschaftler begannen, die Evangelisten nicht nur als Herausgeber oder Sammler, sondern als kreative Theologen und Autoren mit jeweils eigener theologischer Stimme und narrativer Vision zu erkennen.

Die Redaktionskritik beginnt mit einer einfachen, aber tiefgreifenden Erkenntnis: Die Unterschiede zwischen den Evangelien sind nicht unbedingt Fehler oder Widersprüche. Sie sind oft beabsichtigt und bedeutsam. Jeder Evangelist traf Entscheidungen darüber, was aufgenommen und was weggelassen wurde, wie der Text strukturiert und mit Kommentaren, Übergängen oder Interpretationen versehen wurde. Diese Entscheidungen spiegeln theologische Überzeugungen sowie die Bedürfnisse und Anliegen der Gemeinschaften wider, für die die Evangelien geschrieben wurden.

Eine der wichtigsten Erkenntnisse der Redaktionskritik ist, dass die Evangelisten ihre Quellen nicht passiv, sondern selektiv und zielgerichtet nutzten. Wenn Matthäus beispielsweise Markus erweitert oder überarbeitet, tut er dies oft, um die Erfüllung der Heiligen Schrift, die Autorität Jesu als Lehrer oder die

Kontinuität zwischen Jesu und der Geschichte Israels hervorzuheben. Wenn Lukas den Stoff umgestaltet, hebt er die Rolle des Heiligen Geistes, die Einbeziehung von Außenstehenden sowie das Thema Freude und göttliche Initiative hervor.

Redaktionskritiker untersuchen genau, wie Evangelisten oder Evangelisten einleitende Kommentare, Rahmenhandlungen oder abschließende Zusammenfassungen hinzufügen. Sie untersuchen auch, wie Geschichten in neue literarische Kontexte gestellt werden, die ihre Wirkung oder Bedeutung verändern. Was passiert, wenn ein Gleichnis von einem Teil der Erzählung in einen anderen verschoben wird? Welche theologische Bedeutung ergibt sich, wenn auf ein Wunder eine bestimmte Lehre oder Auseinandersetzung folgt?

Diese Methode achtet auch genau auf redaktionelle Tendenzen – wiederkehrende Muster, die die theologischen Prioritäten eines Autors offenbaren. Markus beispielsweise neigt dazu, die Jünger als verwirrt, verständnislos und häufig im Irrtum stehend darzustellen. Matthäus mildert einige dieser Darstellungen ab, wahrscheinlich um sein Publikum zu ermutigen, indem er die Jünger als kompetenter und treuer darstellt. Lukas wiederum betont oft das fortschreitende Wachstum der Jünger und ihre Stärkung durch den Heiligen Geist, der sie auf die Führungsrolle im Folgeband, der Apostelgeschichte, vorbereitet.

Redaktionskritik hilft uns nicht nur zu fragen: "Was sagt dieser Text?", sondern auch: "Warum steht es hier und jetzt so?" Sie lädt uns ein, die Evangelisten als Interpreten der Tradition zu sehen, nicht als bloße Überlieferer. Sie offenbart die Evangelien als dynamische Auseinandersetzung mit Erinnerung,

Heiliger Schrift, Theologie und den realen Anliegen der frühen christlichen Gemeinden.

Beispiele für Redaktion am Arbeitsplatz

Die Taufe Jesu bietet einen klaren Einblick in die redaktionelle Strategie. Im Markusevangelium wird das Ereignis kurz und unmittelbar geschildert. Jesus wird von Johannes getauft, der Himmel öffnet sich und eine Stimme verkündet: "Du bist mein geliebter Sohn." Matthäus erweitert diese Szene erheblich und führt einen Dialog ein, in dem Johannes sich zunächst dagegen sträubt, Jesus zu taufen, worauf Jesus antwortet: "So geschehe es jetzt; denn so gebührt es uns, alle Gerechtigkeit zu erfüllen." Dieser Austausch verteidigt nicht nur den Akt der Taufe, sondern ordnet ihn auch in Matthäus' Thema ein, dass Jesus göttlichen Zweck erfüllt und Gehorsam vorlebt. Lukas' Bericht verlagert den Fokus erneut, indem er die Rolle von Johannes auslässt und betont, dass der Heilige Geist herabsteigt, während Jesus betet, wodurch Lukas' umfassenderes Thema des vom Geist gestärkten Gebets und der göttlichen Führung hervorgehoben wird.

Die Passionsvorhersagen in den synoptischen Evangelien liefern ein weiteres eindrucksvolles Beispiel. Bei Markus sagt Jesus dreimal sein Leiden und seinen Tod voraus, jedes Mal gefolgt von einem Missverständnis seitens der Jünger, wodurch ein Rhythmus aus Prophezeiung, Verwirrung und Korrektur entsteht. Dieses Erzählmuster verstärkt Markus' Darstellung der Jüngerschaft als kostspielig und oft missverstanden. Matthäus behält diese Vorhersagen bei, präzisiert oder ergänzt sie aber oft, indem er Jesu Leiden direkter mit der Erfüllung der Heiligen Schrift und dem göttlichen Willen verknüpft. Lukas hingegen modifiziert die Vorhersagen, um die Notwendigkeit von Jesu Mission und den prophetischen Charakter seiner Reise nach Jerusalem zu betonen.

Der vielleicht berühmteste redaktionelle Moment ist das Ende des Matthäusevangeliums: der Missionsbefehl. Einzigartig im Matthäusevangelium zeigt diese Szene den auferstandenen Jesus, wie er seine Jünger in alle Völker aussendet, um in seinem Namen zu taufen und zu lehren. Sie bildet einen würdigen Höhepunkt für ein Evangelium, das Jesus als neuen Moses, als Lehrer der Gerechtigkeit und als denjenigen darstellt, in dem die Geschichte Israels ihre Erfüllung findet. Markus und Lukas behandeln diese Szene nicht auf die gleiche Weise; ihre Enden sind von unterschiedlichen theologischen und literarischen Zielen geprägt.

Diese Beispiele veranschaulichen, wie die Redaktionskritik es uns ermöglicht, die Evangelien nicht als starre Geschichtswerke oder Lehrentwürfe zu lesen, sondern als narrative Theologien – als Texte, die mit Absicht und Fantasie verfasst wurden und die Leser in eine Welt einladen, in der göttliches Handeln, menschliche Reaktion und Gemeinschaftsidentität untrennbar miteinander verbunden sind.

Fazit: Die Evangelien als interpretiertes Zeugnis

Quellen- und Redaktionskritik haben die Herangehensweise aufmerksamer Leser an die synoptischen Evangelien verändert. Zusammen offenbaren sie die vielschichtige Struktur und theologische Tiefe dieser Texte und helfen uns, die Evangelisten nicht als Stenografen der Tradition, sondern als Pastoraltheologen zu sehen, die von ihren Gemeinden geprägt und von ihren Überzeugungen geleitet wurden.

Diese Methoden ermutigen uns, tiefere Fragen zu stellen. Warum betont Matthäus die Erfüllung?

Warum betont Markus das Geheimnis und das Missverständnis? Warum lenkt Lukas die Aufmerksamkeit auf die Armen, die Außenseiter und die Führung des Heiligen Geistes? Solche Fragen lenken uns nicht vom Glauben ab – sie laden uns ein, den Reichtum der Evangelientraditionen tiefer zu entdecken.

Durch die Beschäftigung mit Quellen erfahren wir, wie frühe Christen die Geschichte Jesu über Zeit, Ort und Gemeinschaft hinweg bewahrten und weitergaben. Durch die Beschäftigung mit der Redaktion erfahren wir, wie diese Geschichte interpretiert, umgestaltet und neu präsentiert wurde, um in veränderten Kontexten eine neue Sprache zu sprechen. Für Studierende, Lehrende, Prediger und aufmerksame Leser bieten diese Werkzeuge Herausforderung und Erkenntnis zugleich. Sie erinnern uns daran, dass die Evangelien nicht nur Zeugnisse vergangener Ereignisse sind, sondern lebendige Texte – mit theologischer Absicht verfasst und bis in die Gegenwart wirkend.

Kapitel 5
Formkritik und mündliche Überlieferung

Einleitung: In der Gemeinschaft an Jesus erinnern

Bevor die Evangelien niedergeschrieben wurden, lebte die Geschichte Jesu in den gesprochenen Worten und geteilten Erinnerungen seiner Anhänger weiter. Diese frühen Christen hielten Jesu Worte und Taten zunächst nicht schriftlich fest; stattdessen verkündeten, erzählten, wiederholten und interpretierten sie seine Worte und Taten in den unterschiedlichsten Situationen – bei Mahlzeiten, im Gottesdienst, bei Debatten und auf Mission. Diese Phase der mündlichen Überlieferung war keine Lücke in der Tradition, sondern vielmehr eine dynamische und prägende Phase, in der die Jesusgeschichte für das Leben der Gemeinde gestaltet wurde.

Als diese mündliche Überlieferung schließlich gesammelt und in den Evangelien niedergeschrieben wurde, brachte das Material charakteristische Formen mit sich – kleine, in sich geschlossene Erzähl- oder Redeeinheiten –, die Gelehrte später identifizierten und untersuchten. Zu diesen Formen gehören Wundergeschichten, Verkündigungsgeschichten, Gleichnisse, Sprüche und andere Einheiten, die die Jesus-Überlieferung einprägsam, wiederholbar und anpassungsfähig machten. Die Methode, diese Bausteine zu untersuchen, wurde als Formenkritik bekannt.

Die Formkritik sowie damit verbundene Studien zur mündlichen Überlieferung und Erinnerung helfen uns zu verstehen, wie die Evangelien entstanden sind –

nicht nur aus literarischen Quellen, sondern auch aus gelebter Tradition. Sie ermöglicht es uns, die Struktur der synoptischen Evangelien sowohl als historische Erinnerung als auch als theologische Kunst zu verstehen – als Ergebnis von Gemeinschaften, die sich auf eine Weise an Jesus erinnerten, die den Glauben stärkte, die Identität prägte und Fragen des wirklichen Lebens beantwortete.

Ursprünge und Ziele der Formkritik

Die Formkritik entstand in der deutschen Literatur des frühen 20. Jahrhunderts, insbesondere in den Werken von Rudolf Bultmann, Martin Dibelius und Karl Ludwig Schmidt. Diese Wissenschaftler befürchteten, dass die Quellenkritik zwar hilfreich bei der Identifizierung von Textbeziehungen sei, aber nicht erkläre, wie die Evangelien ursprünglich entstanden. Die Formkritiker fragten sich: Wie wurden Geschichten über Jesus bewahrt, weitergegeben und geprägt, bevor die Evangelisten ihre Evangelien schrieben? In welchem sozialen Umfeld entstanden bestimmte Arten von Geschichten oder Redensarten? Und wie entwickelten sich diese Formen im Zuge ihrer Verwendung im Gottesdienst, in der Katechese oder in der Mission?

Die Grundannahme der Formkritik besteht darin, dass die Evangelien aus unabhängigen Traditionseinheiten bestehen – kleinen Geschichten, Sprüchen oder Episoden, die mündlich weitergegeben wurden, bevor sie zu fortlaufenden Erzählungen zusammengefasst wurden. Diese Einheiten wurden von den Bedürfnissen und Lebenssituationen (*Sitz im Leben*) der frühchristlichen Gemeinden geprägt, und ihre Form verrät etwas über ihren ursprünglichen Gebrauch.

Beispielsweise könnte eine kurze Wundergeschichte in Predigten verwendet worden sein, um Jesu Autorität und göttliche Macht zu verkünden. Eine Kontroversgeschichte könnte erzählt worden sein, um Widerstand zu entkräften oder ethische Grenzen zu verdeutlichen. Eine Parabel könnte als Lehrmittel oder prophetische Herausforderung dienen. Durch die Identifizierung von Form und Funktion dieser Einheiten hofften Formkritiker, die Geschichte der Tradition zu rekonstruieren und dem historischen Jesus näher zu kommen.

Auch wenn die Formkritik kritisiert wurde – insbesondere wegen ihrer spekulativen Rekonstruktionen und ihrer mitunter starren Trennung zwischen mündlichen und schriftlichen Phasen –, stellt sie dennoch eine grundlegende Theorie dar. Neuere Wissenschaftler haben auf ihr aufgebaut und Erkenntnisse aus der Performancetheorie, der Sozialgedächtnisforschung und der Oralitätsforschung integriert, die alle bestätigen, dass die frühe Jesustradition nicht schriftlich fixiert war, sondern fließend, gemeinschaftlich und durch den Gebrauch geprägt war.

Wundergeschichten: Taten der Macht und Zeichen des Mitgefühls

Zu den eindringlichsten und einprägsamsten Darstellungen der synoptischen Evangelien zählen Wundergeschichten. Diese Berichte schildern Jesus als einen Mann voller Macht und Autorität – als jemanden, der Kranke heilt, das Meer beruhigt, Dämonen austreibt und sogar Tote auferweckt. Diese Geschichten sind typischerweise kurz, dramatisch und mit einem klaren Anfang, einer Mitte und einem Ende strukturiert.

Ein typisches Heilungswunder folgt einem erkennbaren Muster: Ein Mensch nähert sich Jesus (oder wird zu ihm gebracht), sein Zustand wird beschrieben (oft in Form von körperlichem Leiden oder sozialer Ausgrenzung), Jesus reagiert – manchmal mit einer

Berührung oder einem Wort – und der Mensch wird geheilt, während die Menge voller Ehrfurcht reagiert. Denken Sie an die Geschichte von der Heilung des Aussätzigen in Markus 1,40 – 45: Der Aussätzige bittet Jesus um Heilung, Jesus ist von Mitleid bewegt, streckt die Hand aus, berührt den Mann, erklärt ihn für rein und schickt ihn dann zum Priester. Die Geschichte ist prägnant, aber kraftvoll, mit emotionaler Tiefe und theologischer Bedeutung.

Wundergeschichten hatten vielfältige Bedeutung. Sie demonstrierten Jesu Macht über Krankheit, Natur, Geister und Tod. Sie signalisierten auch die Ankunft des Reiches Gottes – ein zentrales Thema in Jesu Wirken. Diese Heilungen und Befreiungen waren nicht nur Ausdruck göttlicher Macht; sie waren Zeichen der Wiederherstellung und der Umkehr von Zuständen der Unreinheit, Ausgrenzung oder Verzweiflung. In einer Welt, in der Krankheit oft Scham und Trennung bedeutete, gaben Jesu Wunder den Menschen Gemeinschaft und Würde zurück.

Formkritiker kategorisierten diese Geschichten in Untertypen, darunter Heilungswunder, Naturwunder und Exorzismen. Jeder Untertyp hatte sein eigenes theologisches Gewicht. Naturwunder, wie etwa die Beruhigung des Sturms durch Jesus (Markus 4,35 – 41), erinnerten an alttestamentarische Bilder von Gott, der das Meer bezwingt, und deuteten auf eine göttliche Identität hin. Exorzismen, wie die Heilung des Besessenen von Gerasena (Markus 5,1 – 20), offenbarten Jesu Macht über das geistliche Böse und seine Mission, die Leidenden zu befreien, darunter oft auch Randgruppen der jüdischen Gesellschaft.

Diese Geschichten wurden immer wieder erzählt, weil sie die Hoffnung und das Versprechen des Evangeliums verkörperten – dass Gott in Jesus am Werk war, um die Welt zu heilen, zu befreien und wiederherzustellen.

Verkündungsgeschichten: Konflikt und Klärung

Eine weitere weit verbreitete Form ist die Verkündigungsgeschichte – eine kurze Erzählung, die auf eine entscheidende Aussage Jesu hinarbeitet und meist im Kontext einer Herausforderung, Debatte oder eines dramatischen Moments vorgetragen wird. Diese Geschichten waren besonders nützlich, um Kernwahrheiten zu lehren und zu verteidigen, da sie oft Konflikte mit Gegnern wie Pharisäern, Schriftgelehrten oder anderen religiösen Führern beinhalteten.

Das klassische Beispiel ist die Geschichte von Jesu Jüngern, die am Sabbat Ähren pflücken (Markus 2,23 – 28). Die Pharisäer befragen Jesus zu diesem offensichtlichen Verstoß gegen das Sabbatgebot. Jesus antwortet mit einem Zitat aus der Heiligen Schrift, nennt das Beispiel Davids und erklärt: "Der Sabbat ist um des Menschen willen gemacht und nicht der Mensch um des Sabbats willen. Darum ist der Menschensohn auch Herr über den Sabbat." Die gesamte Geschichte ist auf diese einprägsame und maßgebende Aussage ausgerichtet, die die Sabbatheiligung neu an den menschlichen Bedürfnissen und der göttlichen Autorität ausrichtet.

Verkündigungsgeschichten bestehen typischer-weise aus vier Elementen: einem Schauplatz, einem Konflikt oder einer Frage, einer Antwort Jesu (meist ein Ausspruch) und einer Reaktion oder Lösung. Die Struktur ist klar, der Dialog prägnant und die Lehre zentral. Sie wurden wahrscheinlich so gestaltet, dass sie die wichtigsten Lehren Jesu so festhielten, dass sie leicht zu merken und in lehrreichen oder kontroversen Situationen wiederzugeben waren.

Diese Geschichten veranschaulichen oft Jesu Weisheit, Kühnheit und Interpretationskompetenz. Er stellt etablierte Normen in Frage, definiert Gerechtigkeit neu und vertritt ein einzigartiges Verständnis von Gottes Willen. Ob es um Streitigkeiten über Reinheitsgebote, die Einhaltung des Sabbats oder die Vergebung von Sünden geht – Verkündigungsgeschichten stellen Jesus nicht nur als Heiler oder Propheten dar, sondern als Lehrer mit außergewöhnlicher Autorität – als jemanden, der im Namen Gottes spricht und die moralische Vorstellungskraft seiner Zuhörer verändert.

Gleichnisse und Sprüche: Das Königreich mit Fantasie und Einsicht lehren

Zu den beliebtesten und charakteristischsten Formen der synoptischen Evangelien zählen Gleichnisse – kurze, fantasievolle Geschichten, die auf alltäglichen Erfahrungen basieren und Wahrheiten über Gott, das Reich Gottes und das menschliche Leben offenbaren. Jesu Verwendung von Gleichnissen zeichnete ihn als Lehrer aus. Statt abstrakte Theologie oder starre Gebote zu vermitteln, lud er seine Zuhörer zu Erzählungen voller Überraschungen, Wendungen und Reflexionen ein.

Gleichnisse sind keine Fabeln oder Moralgeschichten im herkömmlichen Sinne. Sie enden selten mit einer klaren Lektion. Stattdessen enthalten sie oft Elemente der Mehrdeutigkeit, Spannung oder Schock. Denken Sie an das Gleichnis vom barmherzigen Samariter (Lukas 10,25 – 37). Es beginnt mit der Rechtsfrage: "Wer ist mein Nächster?" – und endet mit einer Erzählung, die gesellschaftliche Erwartungen auf den Kopf stellt. Ein verachteter Samariter wird zum Vorbild der Barmherzigkeit, während religiöse Führer untätig bleiben. Die Geschichte lehnt eine enge

Definition des Begriffs "Nächster" ab und fordert die Zuhörer stattdessen auf, die Grenzen des Mitgefühls neu zu überdenken.

Ein weiteres berühmtes Gleichnis, der verlorene Sohn (Lukas 15,11 – 32), behandelt Themen wie Reue, Vergebung, Eifersucht und Freude. Seine emotionale Kraft liegt nicht nur in der Rückkehr des jüngeren Sohnes, sondern auch in der ungelösten Spannung mit dem älteren Bruder. Die Leser werden in die Geschichte hineingezogen und aufgefordert, sich zu fragen: Wo stehe ich? Was bedeutet es, andere willkommen zu heißen? Kann ich mich freuen, wenn mir Gnade zuteilwird?

Formkritiker bemerkten, dass viele Gleichnisse bekannten Strukturen folgen: einem einfachen Szenario aus dem Alltag, einer erzählerischen Wendung oder Umkehrung und einem abschließenden Moment des Urteils oder der Erkenntnis. Gleichnisse zeigen oft Figuren und Szenarien, die typisch für das ländliche Galiläa sind – Bauern, Landbesitzer, Hirten, Kaufleute, Hochzeiten und Festmahle. Diese lokalen Besonderheiten legen nahe, dass die Gleichnisse ihren Ursprung in der mündlichen Lehre Jesu haben und sich gut zum Auswendiglernen, Aufführen und Bearbeiten eigneten.

Neben Gleichnissen enthalten die Evangelien auch Aussprüche Jesu, die wahrscheinlich unabhängig von längeren Erzählungen überliefert wurden. Dazu gehören Aphorismen, Sprichwörter, Segenssprüche und Warnungen. Beispielsweise sind die Aussprüche "Selig sind, die Frieden stiften" (Mt 5,9), "Die Letzten werden die Ersten sein und die Ersten die Letzten" (Mt 20,16) und "Niemand kann zwei Herren dienen" (Mt 6,24) kurz, lebendig und voller Bedeutung. Ihr poetischer Rhythmus und ihre Parallelität machten sie leicht zu merken und für die mündliche Überlieferung geeignet.

Viele Sprüche spiegeln eine Weisheitstradition wider und stützen sich auf die hebräischen Schriften und die jüdische Lehre, um eine Vision von ethischem Leben und göttlicher Gerechtigkeit zu formulieren. Andere sind apokalyptisch und weisen auf das kommende Gericht, die Dringlichkeit der Reue und den Anbruch von Gottes Reich hin. Wieder andere sind gegenkulturell und rufen zu Feindesliebe, radikaler Großzügigkeit und Vergeltungslosigkeit auf.

Die Überlieferung dieser Sprüche sowohl bei Matthäus als auch bei Lukas – oft mit weitgehender mündlicher Übereinstimmung – lässt darauf schließen, dass sie in frühen Gemeinden einen hohen Stellenwert hatten. Einige dieser Sprüche stammen wahrscheinlich aus der hypothetischen Q-Quelle, während andere möglicherweise durch mündliche Katechese, insbesondere in Hauskirchen und bei der Taufvorbereitung, verbreitet wurden. Ihre Kürze und Eindringlichkeit weisen auf eine Welt hin, in der Lehren gesprochen, gehört und erinnert werden mussten, lange bevor sie niedergeschrieben wurden.

Gleichnisse und Sprüche bilden zusammen einen wesentlichen Bestandteil der Evangelientradition. Sie spiegeln Jesu Rolle als meisterhafter Lehrer und Geschichtenerzähler wider, der mit Klarheit und Tiefgang kommunizierte, die Menschen zum Nachdenken über Gottes Herrschaft anregte und sie zu einem veränderten Leben aufrief.

Mündlichkeit, Erinnerung und das Leben der frühen Kirche

Die Formkritik öffnete die Tür zu einer breiteren Diskussion darüber, wie die frühen christlichen Gemeinden an Jesus erinnerten und seine Lehren weitergaben. In den Jahrzehnten vor der Niederschrift der Evangelien stammte das meiste Wissen über Jesus nicht aus Schriftrollen oder Manuskripten, sondern aus gemeinschaftlichem Geschichtenerzählen, öffentlichen Predigten und rituellen Handlungen. Es war eine mündliche Welt, in der Geschichten gehört, rezitiert, adaptiert und durch Wiederholung und Mitwirkung verinnerlicht wurden.

Neuere Wissenschaftler haben die Erkenntnisse der Formkritik erweitert, indem sie sich auf Studien zur mündlichen Überlieferung und die Theorie des sozialen Gedächtnisses stützten. Denker wie James DG Dunn und Werner Kelber betonten, dass mündliche Überlieferung weder statisch noch fragil sei. Sie sei sowohl stabil als auch flexibel. Kernthemen – wie die Autorität Jesu, sein Mitgefühl, sein Tod und seine Auferstehung – blieben konstant, während Details an die Bedürfnisse verschiedener Gemeinschaften angepasst werden konnten.

Theoretiker des sozialen Gedächtnisses wie Rafael Rodríguez und Alan Kirk argumentieren, dass der Prozess der Erinnerung an Jesus stets gemeinschaftlich und theologisch war. Gemeinschaften erinnerten sich an Jesus nicht als neutrale historische Figur, sondern als den auferstandenen Herrn, der durch den Heiligen Geist gegenwärtig und im Leben der Kirche wirksam war. Die Evangelien sind daher nicht bloße historische Aufzeichnungen, sondern Akte des gemeinschaftlichen Gedächtnisses – Reflexionen über die Vergangenheit, geprägt vom Glauben und der Hoffnung der Gegenwart.

Diese Perspektive hilft, die Vielfalt innerhalb der Evangelientradition zu erklären. Verschiedene Gemeinschaften erinnerten sich an unterschiedliche Sprüche, betonten unterschiedliche Aspekte von Jesu Wirken und gestalteten Erzählungen, die ihren jeweiligen Kontext widerspiegelten. Die Formen der Tradition – Wundergeschichten, Verkündigungsgeschichten, Gleichnisse und Sprüche – waren nicht bloße Überbleibsel mündlicher Überlieferung; sie bildeten die Grundlage der christlichen Verkündigung, geprägt durch Brauchtum, Erinnerung und theologische Überzeugung.

Fazit: Lebendige Tradition und treues Zeugnis

Formkritik und die Erforschung mündlicher Überlieferung erinnern uns daran, dass die Evangelien keine statischen Texte sind, die vom Himmel gefallen oder Wort für Wort diktiert wurden. Sie sind das Ergebnis lebendiger, gläubiger Gemeinschaften, die sich an die Geschichte Jesu erinnern, sie im Lichte ihrer eigenen Erfahrung, ihres Gottesdienstes und ihrer Mission erzählen und neu interpretieren. Bevor diese Überlieferungen niedergeschrieben wurden, wurden sie gepredigt, gesungen, gebetet, diskutiert und aufgeführt. Ihre Form spiegelt ihre Funktion wider: Sie wurden geschaffen, um gehört, verstanden und weitergegeben zu werden.

Wenn wir uns mit den Formen beschäftigen, in denen die Jesus-Überlieferung bewahrt wurde – Wundergeschichten, die Ehrfurcht einflößen, Verkündigungsgeschichten, die zur Entscheidung anregen, Gleichnisse, die die Fantasie anregen, und Sprüche, die von Weisheit zeugen –, beginnen wir nicht nur den Inhalt des Evangeliums zu schätzen, sondern auch seine gemeinschaftliche Gestalt und Kraft. Die frühe Kirche bewahrte nicht nur Informationen über Jesus; sie legte Zeugnis von ihm ab, das erinnert, gelebt und weitergegeben werden konnte.

Die Formkritik lädt uns zu diesem Prozess ein. Sie hilft uns, die Evangelien mit neuen Ohren zu hören – nicht nur als Leser, sondern als Teil einer Tradition, die sich noch immer entfaltet. Die Geschichten, die einst in den Bergen Galiläas und in den Hauskirchen widerhallten, prägen bis heute das Leben, regen zum Nachdenken an und laden zum Glauben ein. Wenn wir ihre Form verstehen, gewinnen wir eine tiefere Wertschätzung für ihre Funktion als transformierende, lebendige Worte – gesprochen vor langer Zeit und noch heute lebendig.

Kapitel 6
Literarische, narrative und Leserreaktionskritik

Einleitung: Die Evangelien als Geschichten lesen

Ein Großteil der modernen Evangelienforschung konzentrierte sich bei der Interpretation auf Quellen, Formen und Redaktion – Fragen nach dem, was dem Text zugrunde liegt. Welche Traditionen übernahmen die Evangelisten oder Evangelisten? Welche Quellen nutzten sie? Wie wurden mündliche Aussagen bewahrt und weitergegeben? Diese Ansätze lieferten wichtige Erkenntnisse, doch mit der Zeit begannen die Wissenschaftler, neue Fragen zu stellen: Was wäre, wenn wir die Evangelien so betrachten würden, wie sie sind, und nicht nur so, wie sie verfasst wurden? Was wäre, wenn wir sie als literarische Werke betrachten würden – als ausgearbeitete Erzählungen mit Handlung, Charakter und Struktur?

Diese Fragen führten zur Literatur- und Erzählkritik, also zu Ansätzen, die die Evangelien als zusammenhängende und bewusste Geschichten und nicht nur als historische Dokumente oder Traditionsträger betrachten. Parallel dazu lenkte die Leser-Reaktions-Kritik den Blick vom Autor und der Quelle auf die Rolle des Lesers und untersuchte, wie Bedeutung nicht nur durch den Text, sondern auch durch die interpretierenden Gemeinschaften und Kontexte, in denen er rezipiert wird, geprägt wird.

Diese Methoden haben in den letzten Jahzehnten an Bedeutung gewonnen und sowohl die wissenschaftliche als auch die religiöse

Auseinandersetzung mit den Evangelien verändert. Sie laden die Leser zu einer dynamischen Auseinandersetzung mit dem Text ein, wobei sie darauf achten, wie Geschichten erzählt werden, welche narrativen Strategien eingesetzt werden und in welcher Position die Leser das sich entfaltende Drama interpretieren, hinterfragen oder sogar daran teilnehmen können.

Dieses Kapitel stellt die wichtigsten Erkenntnisse der Erzählkritik, der Literaturanalyse und der Leser-Reaktions-Methode vor und zeigt, wie diese Methoden neue Wege zur Auseinandersetzung mit den synoptischen Evangelien eröffnen. Anstatt historische Belange zu untergraben, ergänzen sie diese und offenbaren den theologischen Reichtum und die rhetorische Kunstfertigkeit der Evangelisten. Durch sorgfältige Betrachtung von Handlung, Charakterisierung, Perspektive, Ironie und Rezeption erkennen wir die Evangelien nicht nur als Aufzeichnungen der Vergangenheit, sondern als kraftvolle Erzählungen, die Glauben, Identität und Vorstellungskraft prägen.

Narrative Kritik: Die Welt der Geschichte entdecken

Die narrative Kritik beginnt mit der Erkenntnis, dass die Evangelien Geschichten sind – nicht im Sinne von Fiktion, sondern im Sinne strukturierter, bewusster Berichte mit Anfang, Mitte und Ende. Sie enthalten Charaktere, Schauplätze, Konflikte, Lösungen und eine Erzählstimme. Sie führen den Leser durch eine sorgfältig geordnete Handlung und laden ihn ein, das zu sehen und zu fühlen, was der Erzähler ihm vermitteln möchte.

Dieser Ansatz entwickelte sich im späten 20. Jahrhundert mit Gelehrten wie R. Alan Culpepper (*Anatomy of the Fourth Gospel,* später für die Synoptiker adaptiert), Robert Tannehill (*The Narrative Unity of Luke-Acts*) und David Rhoads (*Mark as Story*). Diese

Gelehrten betonten, dass die Evangelien keine zufälligen Ansammlungen von Traditionen seien, sondern einheitliche literarische Werke, die die Mittel der Erzählung nutzten, um theologische Wahrheiten zu vermitteln.

Schlüsselbegriffe der Erzählkritik sind Handlung, Charakterisierung, Erzählzeit und -raum, Erzählperspektive und Leserpositionierung. Die Handlung beschreibt den Ablauf der Geschichte – wie Ereignisse angeordnet sind und wie sich Spannung aufbaut und auflöst. Bei Markus beispielsweise steuert die Handlung schnell und drängend auf das Kreuz zu. Jesu Identität ist geheimnisumwittert, seine Jünger verstehen sie nicht, und das Ende (Markus 16,8) ist bekanntlich abrupt. Diese Struktur unterstreicht das zentrale Thema des Markusevangeliums: Jesus ist der leidende Sohn Gottes, was sich am deutlichsten in seinem Tod offenbart.

Die Charakterisierung in den Evangelien erfolgt oft indirekt. Jesus offenbart sich nicht durch körperliche Beschreibungen, sondern durch Taten, Dialoge und die Reaktionen anderer. Die Jünger werden häufig zweideutig dargestellt – treu und doch fehlerhaft, auserwählt und doch verwirrt. Figuren wie die blutende Frau (Lukas 8), Bartimäus (Markus 10) oder der Hauptmann am Kreuz (Matthäus 27) zeigen oft Einsicht und Glauben im Gegensatz zu den erwarteten religiösen Autoritäten. Diese Darstellungen ziehen den Leser in den Text hinein und regen zum Nachdenken darüber an, was es bedeutet, zu sehen, zu glauben und zu folgen.

Narrativer Raum und Zeit haben auch theologische Bedeutung. Die Reise von Galiläa nach Jerusalem, insbesondere in Lukas' langem "Reisebericht" (Lukas 9,51 – 19,27), ist nicht nur geographisch; sie symbolisiert den Weg der

Jüngerschaft und der prophetischen Mission. Je nach Fokus der Erzählung kann die Zeit komprimiert oder gedehnt werden. Ereignisse wie die Verklärung Christi, die nur wenige Verse umfassen, können enorme theologische Bedeutung haben und in einem Moment leuchtender Vision die göttliche Identität offenbaren.

Ein besonders wichtiges Merkmal der Erzählkritik ist die Berücksichtigung des impliziten Erzählers und des impliziten Lesers. Der Erzähler bestimmt, welche Informationen gegeben werden, wie die Figuren eingeführt werden und wann Ironie oder Mehrdeutigkeit Platz haben. Der implizite Leser ist das Publikum, von dem der Text ausgeht – jemand, von dem erwartet wird, dass er bestimmte kulturelle oder biblische Bezüge versteht, mit manchen Figuren sympathisiert und andere hinterfragt. Wenn Jesus beispielsweise fragt: "Was sagt ihr, wer ich bin?" (Markus 8,29), richtet sich diese Frage an die Jünger – aber auch an den Leser, dem mehr Einblick gewährt wird als den Figuren in der Geschichte. Diese Technik, dramatische Ironie genannt, schafft Raum für Reflexion, Bekenntnis und sogar Selbstreflexion.

Die narrative Kritik erschließt die Evangelien somit als sorgfältig ausgearbeitete theologische Dramen, deren Bedeutung nicht nur in einzelnen Sprüchen liegt, sondern auch in der Art und Weise, wie sich die Geschichte entfaltet, wie sich die Charaktere entwickeln und wie die Leser in die Reise der Jüngerschaft hineingezogen werden.

Literaturkritik: Themen, Struktur und Symbolik

Eng verwandt mit der narrativen Kritik beschäftigt sich die Literaturkritik mit den Evangelien und nutzt dabei die breiteren Werkzeuge der Literaturanalyse. Sie untersucht Themen, Symbolik, Metaphern, Intertextualität und rhetorische Strategien.

Dieser Ansatz betrachtet die Evangelien nicht nur als theologische Dokumente, sondern als literarische Werke, die erkennbare Techniken zur Bedeutungsvermittlung nutzen.

Ein Schwerpunkt liegt auf Wiederholung und Struktur. Matthäus beispielsweise gliedert sein Evangelium in fünf große Lehrblöcke (Kap. 5 – 7, 10, 13, 18, 23 – 25), die oft mit einer Formel wie "Als Jesus diese Worte beendet hatte …" eingeleitet werden. Diese Struktur erinnert vermutlich an die fünf Bücher Mose und stellt Jesus als den neuen Gesetzgeber dar, einen Lehrer, dessen Worte göttliche Autorität besitzen. Literaturkritiker bemerken auch, wie Gleichnisse, Seligpreisungen und Weherufe für eine rhetorische Wirkung gruppiert und ausgewogen sind.

Das Markusevangelium verwendet die Interkalation, also das "Einschieben", bei dem eine Geschichte in die andere eingefügt wird. Dieses Mittel lädt die Leser ein, die beiden Geschichten im Zusammenhang miteinander zu interpretieren. Ein berühmtes Beispiel findet sich in Markus 5, wo Jesus auf dem Weg ist, Jairus' Tochter zu heilen, als er von der blutüberströmten Frau unterbrochen wird. Die Kombination dieser Heilungsgeschichten vertieft das Thema von Glaube, Unterbrechung und Wiederherstellung und zeigt, wie Jesu Kraft die Verzweifelten und Ausgegrenzten erreicht.

Die Literaturkritik achtet auch auf Symbolik und Metapher. Bei Lukas sind Licht und Dunkelheit, Armut und Umkehr, Freude und Erfüllung wiederkehrende Motive. Jesu Tischgemeinschaft ist mehr als Gastfreundschaft – sie symbolisiert das integrative Reich Gottes, das Sünder und Außenseiter willkommen heißt. Straße, Haus, Weinberg und Meer sind mehr als nur physische Räume – sie fungieren oft als metaphorische Landschaften und bilden den Rahmen für Begegnungen zwischen Gott und Mensch.

Eine der Stärken der Literaturkritik besteht darin, dass sie uns ermöglicht, die Evangelien als zusammenhängende und kunstvolle Gesamtheit zu lesen, ohne den Text in isolierte Überlieferungen zu zerlegen. Sie ergänzt historische Methoden, indem sie den Lesern zeigt, wie die Theologie in Form, Fluss und Gefühl des Textes selbst eingebettet ist. Die Evangelien sind nicht nur Aufzeichnungen dessen, was Jesus tat und sagte – sie sind sorgfältig erzählte Geschichten über ihn, die Reaktion, Glauben und Wandlung hervorrufen sollen.

Leser-Reaktions-Kritik: Die Bedeutungsstiftende Rolle des Lesers

Während Erzähl- und Literaturkritik den Aufbau von Geschichten betonen, richtet die Leser-Reaktions-Kritik den Fokus auf die Rolle des Lesers bei der Sinnkonstruktion. Dieser Ansatz entstand aus Entwicklungen der Literaturtheorie im späten 20. Jahrhundert, insbesondere in den Arbeiten von Wissenschaftlern wie Wolfgang Iser, Stanley Fish und, in der Bibelwissenschaft, Norman Petersen und Edgar McKnight. Er fragt nicht nur: "Was sagt der Text?", sondern auch: "Wie erlebt und interpretiert der Leser den Text – und wie prägen unterschiedliche Kontexte diese Erfahrung?"

Kritiker des Leser-Reaktions-Prinzips argumentieren, dass Texte keine statischen Bedeutungsträger sind. Vielmehr sind sie dynamische Einladungen, die offen für Auseinandersetzung, Interpretation und sogar Widerspruch sind. Bedeutung liegt nicht allein in der Absicht des Autors oder der formalen Struktur des Textes, sondern entsteht durch die Interaktion zwischen Text und Leser, geprägt von der kulturellen Verortung, den Fragen und Erwartungen des Lesers.

Dieser Ansatz ist besonders in der Evangelienforschung fruchtbar, da die synoptischen Evangelien reichhaltige Erzählungen sind, die eine Reaktion hervorrufen sollen. Die Leser sind keine neutralen Beobachter – sie werden in die Welt der Geschichte hineingezogen, können sich mit den Figuren identifizieren, über Jesu Fragen nachdenken, die Spannungen spüren und Entscheidungen treffen. Insbesondere die Gleichnisse fungieren als offene Texte, die zum Nachdenken anregen, anstatt Lehren vorzuschreiben. So informiert beispielsweise das Gleichnis vom Sämann (Markus 4,1 – 20) nicht nur, sondern lädt die Leser ein, ihre eigene Aufnahmefähigkeit für das Wort zu prüfen. Die Bedeutung der Geschichte entfaltet sich unterschiedlich, je nachdem, wer sie hört und woher sie kommt.

Die Leser-Reaktions-Theorie eröffnet zudem Raum für Interpretationsvielfalt. Ein jüdischer Jünger Jesu im ersten Jahrhundert, ein nordafrikanischer Bischof im vierten Jahrhundert, ein mittelalterlicher Mönch, eine moderne feministische Theologin und ein Laie aus ländlichen Gegenden des Südens lesen denselben Text möglicherweise mit unterschiedlichen Fragen und finden dabei unterschiedliche Interpretationen. Die Leser-Reaktions-Theorie betrachtet dies nicht als Problem, sondern als Stärke. Die Evangelien sind lebendige Texte – in der Geschichte verwurzelt und doch empfänglich für die vom Geist geleitete Lesart verschiedener Gemeinschaften.

Bei diesem Ansatz achten Wissenschaftler auch darauf, wie der Text den Leser positioniert. Die Evangelien verleiten den Leser oft dazu, sich mit bestimmten Figuren zu identifizieren – manchmal mit denen, die versagen oder Fragen stellen, wie Petrus, die

Jünger oder die Menge. Diese Identifikationen schaffen Raum für Empathie, Demut und Selbstreflexion. Manchmal erfährt der Leser mehr als die Figuren (dramatische Ironie), wie in der Passionsgeschichte des Markus. Ein anderes Mal bleibt der Leser mit unbeantworteten Fragen zurück, wie am rätselhaften Ende von Markus 16,8. Diese Erzählstrategien erzeugen ein aktives statt passives Leseerlebnis und beziehen den Leser in den Interpretationsprozess mit ein.

Die Leser-Reaktions-Kritik erinnert uns daran, dass Interpretation immer kontextbezogen, relational und partizipativ ist. Sie widersetzt sich der Vorstellung einer einzigen, festgelegten Bedeutung und lädt die Leser ein, sich mit dem Text als Begegnung, als Dialog und als Raum für spirituelle, ethische und theologische Reflexion auseinanderzusetzen.

Fazit: Die Evangelien als literarisch-theologisches Zeugnis lesen

Die Hinwendung zur Literatur-, Erzähl- und Leserreaktionskritik markierte einen tiefgreifenden Wandel in der Evangelienforschung – einen Wandel von der Ausgrabung zur Auseinandersetzung mit dem Text, von der Hintergrundanalyse zur Betrachtung seiner Funktion in seiner gegenwärtigen Form und Rezeption. Diese Methoden haben die historisch-kritischen Werkzeuge nicht ersetzt; vielmehr bieten sie eine ergänzende Perspektive, durch die die Evangelien als kunstvoll gestaltete Geschichten verstanden werden können, die ihre Leser kraftvoll und überzeugend ansprechen.

Die narrative Kritik hat uns geholfen, die Evangelien als stimmig, dramatisch und kunstvoll konstruiert zu betrachten. Wir haben gelernt, dem Handlungsbogen zu folgen, die Charakterentwicklung zu beachten und das Zusammenspiel von Schauplatz,

Zeit und Stimme zu bedenken. Wir haben erkannt, dass Theologie nicht immer verkündet, sondern oft – durch Handlung, Ironie und Interaktion – gezeigt wird.

Die Literaturkritik hat unsere Aufmerksamkeit auf Themen, Muster, Strukturen und Symbole gelenkt und uns gezeigt, wie Wiederholung, Metapher und rhetorische Gestaltung die theologische Bedeutung vertiefen. Sie erinnert uns daran, dass die Evangelisten nicht nur Theologen und Historiker, sondern auch Wortkünstler waren und literarische Mittel nutzten, um Einsichten und Transformationen hervorzurufen.

Die Leser-Reaktions-Kritik wiederum regt uns dazu an, darüber nachzudenken, wie Bedeutung beim Lesen entsteht. Sie fordert uns auf, nicht nur nach der Bedeutung des Textes zu lesen, sondern nach seiner Bedeutung – für uns, hier und jetzt, in der Gemeinschaft, im Gottesdienst und im Leben. Sie würdigt die Vielfalt der Perspektiven innerhalb der weltweiten Kirche und fördert Demut, Offenheit und Achtsamkeit gegenüber dem Heiligen Geist bei der Interpretation.

Zusammen erinnern uns diese Ansätze daran, dass es in den synoptischen Evangelien nicht nur um Jesus geht – sie wurden geschrieben, um uns als seine Nachfolger zu formen. Sie erzählen Geschichten nicht nur, um zu informieren, sondern auch, um zu formen. Sie fordern heraus, trösten, provozieren und inspirieren. Sie sprechen nicht nur aus der Vergangenheit, sondern auch aus der Gegenwart und laden uns ein, dem Weg Jesu zu folgen, unsere Vorstellungskraft zu wecken, unsere Überzeugungen zu vertiefen und unsere Herzen auf die Geschichte vom Einbruch des Reiches Gottes in die Welt einzustimmen.

Kapitel 7
Postkoloniale, liberationistische und kontextuelle Ansätze

Einleitung: Lesen von den Rändern

Über weite Teile der christlichen Geschichte hinweg war die Bibelauslegung von westlichen, männlich geprägten, eurozentrischen Kontexten geprägt – oft losgelöst vom Kampf unterdrückter und marginalisierter Völker. In den letzten Jahrzehnten sind jedoch neue Strömungen der Evangelienauslegung entstanden, die auf gelebten Erfahrungen von Leid, Widerstand und Hoffnung basieren. Diese Lesarten – ob postkolonial, liberationistisch, feministisch, woman-istisch, queer oder kontextuell – betonen, dass die Evangelien keine neutralen Texte sind und ihre Interpreten nicht losgelöst von ihrer sozialen Stellung agieren. Vielmehr sind die synoptischen Evangelien Texte der Macht, des Protests und der Verheißung, deren Bedeutung im Dialog mit realen Kontexten von Ungerechtigkeit und Hoffnung entdeckt wird.

Dieses Kapitel untersucht verschiedene Ansätze, die die synoptischen Evangelien aus der Perspektive derer interpretieren, die die Schattenseiten der Geschichte beobachten. Diese Lesarten berücksichtigen die imperiale und politische Welt Jesu, die Radikalität seiner Lehren und Taten sowie die zeitgenössische Relevanz seiner Botschaft für Gemeinschaften, die Ausbeutung, Gewalt und Ausgrenzung ausgesetzt sind. Ob geprägt von der lateinamerikanischen Betreiungstheologie, der afrikanischen postkolonialen Kritik, dem asiatischen feministischen Denken oder der schwarzen und queeren Hermeneutik – diese Ansätze rufen Kirche und Wissenschaft dazu auf, die Evangelien mit offenen Augen zu lesen und dabei Imperium, Ungerechtigkeit und den befreienden Geist Gottes zu berücksichtigen.

Die Evangelien und das Imperium: Lesen gegen den Strich

Das Römische Reich spielt eine wichtige Rolle in den synoptischen Evangelien. Jesus wurde unter römischer Herrschaft geboren, lebte dort und wurde dort gekreuzigt. Er wurde als "Sohn Gottes" und "Herr" gefeiert – Titel, die der Kaiser für sich beanspruchte. Seine Botschaft vom "Reich Gottes" stellte die vorherrschende Vision von Macht, Frieden und Ordnung, die Rom verkündete, in Frage. Doch jahrhundertelang ignorierte die Evangelienauslegung diesen imperialen Hintergrund oft, vergeistigte Jesu Botschaft und löste sie von den politischen Realitäten seiner Welt.

In den letzten Jahrzehnten haben Wissenschaftler zunehmend die antiimperiale Dimension der Evangelien betont. Richard Horsley schreibt in Werken wie *Jesus and Empire* argumentiert, dass Jesu Verkündigung der Herrschaft Gottes eine direkte Konfrontation mit imperialen Machtstrukturen darstellte. Seine Heilungen, Mahlzeiten, Exorzismen und Gleichnisse dienten allesamt als Akt des Widerstands und bekräftigten die göttliche Autorität gegenüber der römischen Herrschaft und ihren lokalen Unterstützern. Warren Carter zeigt in *Matthew and Empire,* wie das Matthäusevangelium die imperiale Sprache untergräbt und Jesus – nicht Cäsar – als wahren Sohn Gottes, Friedensbringer und Herrscher der Nationen darstellt.

Postkoloniale Lesarten setzen diese Arbeit fort und fragen, wie die Evangelien der imperialen Logik widerstehen und sie zugleich widerspiegeln. Wissenschaftler wie RS Sugirtharajah und Tat-siong Benny Liew untersuchen, wie koloniale und neokoloniale Lesarten der Heiligen Schrift Unterdrückung fortbestehen ließen, oft indem sie Jesus eher mit dem Imperium als mit dem Widerstand in Verbindung brachten. Sie fordern Interpreten auf, ihre Lesarten zu dekolonisieren, zu erkennen, wo imperiale Ideologie in den Text oder seine Rezeption eindringt, und die Evangelien als Texte der Befreiung für die Kolonisierten und Enteigneten neu zu begreifen.

Diese Ansätze ignorieren die theologische Tiefe der Evangelien nicht – sie vertiefen sie sogar. Sie erinnern uns daran, dass die Evangelien die Geschichte eines gekreuzigten Mannes erzählen, der vom Staat hingerichtet wurde, dessen Anhänger seine Auferstehung als Gottes Genugtuung verkündeten. Dies ist eine zutiefst politische Geschichte, die im Kontext von militärischer Besatzung, Polizeigewalt, wirtschaftlicher Ausbeutung und Widerstands-bewegungen weltweit nach wie vor eine eindringliche Wirkung hat.

Befreiungslesungen: Evangeliumshoffnung von unten

Die Befreiungstheologie entstand in den 1960er und 1970er Jahren in Lateinamerika und wurde von den Erfahrungen von Armut, Diktatur und wirtschaftlicher Ungleichheit geprägt. Theologen wie Gustavo Gutiérrez (*A Theology of Liberation*), Leonardo Boff und José Míguez Bonino argumentierten, dass Theologie nicht mit abstrakten Dogmen, sondern mit der gelebten Erfahrung der Armen beginnen müsse und dass die Heilige Schrift aus der Perspektive derer gelesen werden müsse, die Ungerechtigkeit erleiden. Von diesem Standpunkt aus werden die Evangelien zu einer Quelle prophetischer Kritik und Hoffnung und offenbaren einen Gott, der sich auf die Seite der Unterdrückten stellt und zu radikaler Veränderung aufruft.

In liberationistischen Lesarten erscheint Jesus als Befreier und Prophet – als jemand, der den Armen die frohe Botschaft verkündet, die Unterdrückten befreit und Systeme der Ungleichheit anprangert. Die Feldpredigt in Lukas 6,20 – 26 mit ihren Segnungen für die Armen und ihrem Leid für die Reichen wird zu einem zentralen Text. Gleichnisse wie die vom reichen Mann und Lazarus (Lukas 16,19 – 31) oder von den Arbeitern im Weinberg (Matthäus 20,1 – 16) werden nicht als moralische Erzählungen, sondern als revolutionäre Neuinterpretationen von Gerechtigkeit, Wirtschaft und Menschenwürde gelesen.

Die liberationistische Interpretation ist nicht nur analytisch, sondern auch praxisorientiert. Sie besteht darauf, dass die Bibelauslegung zum Handeln führen muss: zu Organisation, Interessenvertretung und Solidarität mit den Ausgegrenzten. Die Evangelien werden in Basisgemeinden, in Gefängnissen, in Slums und auf der Straße gelesen – nicht als Quelle der Realitätsflucht, sondern als Aufruf zur befreienden Jüngerschaft.

Die Befreiungstheologie hat sich weit über Lateinamerika hinaus verbreitet und hat in der schwarzen Theologie, der Dalit-Theologie, der Minjung-Theologie und anderen Bewegungen rund um den Globus Wurzeln geschlagen. In jedem Fall werden die synoptischen Evangelien zu einem lebendigen Wort inmitten des Kampfes, zu einer Quelle des Widerstands, der Neuinterpretation und der Wiederauferstehung.

Postkoloniale Kritik: Die Dezentralisierung des Dominanten

Die postkoloniale Kritik baut auf den Erkenntnissen der Befreiungstheologie auf, verfolgt jedoch einen eher literarischen und kulturellen Ansatz und analysiert, wie Texte und Leser durch das Erbe des Kolonialismus und der Imperien geprägt werden. Sie untersucht nicht nur, wie sich die Evangelien dem Imperium widersetzen, sondern auch, wie sie – bewusst oder unbewusst – zur Rechtfertigung von Eroberung, Sklaverei und Unterwerfung verwendet wurden.

Postkoloniale Kritiker fragen: Wer spricht in diesem Text? Wessen Perspektive steht im Mittelpunkt? Wer wird zum Schweigen gebracht, ausgeblendet oder ausgegrenzt? Sie beobachten, wie ethnische, kulturelle und geografische Merkmale ein- oder ausschließen. Sie untersuchen, wie biblische Texte in kolonisierten Kontexten als Waffe eingesetzt wurden und wie sie nun von den Randgruppen zurückerobert und neu interpretiert werden könnten.

Kwok Pui-lan fordert in *Postcolonial Imagination and Feminist Theology* die Leser dazu auf, die Stimmen asiatischer Frauen, indigener Gemeinschaften und derjenigen am Rande des Imperiums ernst zu nehmen. Sie hinterfragt gängige Interpretationen von Jesu Identität und Mission und strebt eine umfassendere und hybridere Theologie an. Musa Dube, Autorin aus Botswana, kritisiert missionarische Interpretationen, die afrikanischen Gemeinschaften Würde und Kultur raubten, und schlägt eine dekolonialisierte Lesart der Evangelien vor, die Heilung, Wiederherstellung und indigene Weisheit in den Vordergrund stellt.

Postkoloniale Lesarten stehen verallgemeinernden Behauptungen oft misstrauisch gegenüber. Sie bestehen darauf, dass jede Interpretation kontextabhängig sei und dass die Stimmen derer, die zuvor ausgeschlossen waren – Frauen, kolonisierte Völker, versklavte Gemeinschaften, Angehörige der Diaspora – nun in den Mittelpunkt der Bibelforschung gestellt werden müssten. Sie erinnern uns daran, dass Jesus selbst ein kolonisiertes Subjekt war, das unter Besatzung lebte, aus der Peripherie sprach und Systeme religiöser und politischer Herrschaft herausforderte.

Feministische, womanistische und queere Interpretationen: Die Rückeroberung der Ränder

Während sich postkoloniale und liberationistische Lesarten vor allem auf die sozialen, politischen und wirtschaftlichen Dimensionen der Unterdrückung konzentrieren, widmen sich feministische, womanistische und queere Lesarten der synoptischen Evangelien insbesondere Fragen zu Geschlecht, Sexualität, Macht und Mitspracherecht. Diese Ansätze stellen die patriarchalischen Strukturen in Frage, die die Bibelauslegung seit langem prägen, und lenken die Aufmerksamkeit auf die Erfahrungen und Erkenntnisse von Frauen, insbesondere schwarzen Frauen und LGBTQ+-Personen, sowohl im Text als auch bei seinen Interpreten.

Die feministische Kritik untersucht, wie Frauen in den Evangelien dargestellt werden, wie ihre Rollen erzählt werden und wie ihre Handlungsfähigkeit in traditionellen Lesarten häufig ignoriert oder heruntergespielt wird. Wissenschaftlerinnen wie Elisabeth Schüssler Fiorenza argumentieren in ihrem Werk *In Memory of Her,* dass es in den frühen christlichen Gemeinden aktive Jüngerinnen und Anführerinnen gab und dass die Erinnerung an diese Frauen in der späteren theologischen Tradition unterdrückt oder verzerrt wurde. Obwohl die synoptischen Evangelien in patriarchalischen Kulturen verfasst wurden, enthalten sie zahlreiche Erzählungen, in denen Frauen tiefen Glauben, Einsicht und Mut beweisen – sei es die blutungsgeplagte Frau, die um Heilung bittet (Markus 5), die syrophönizische Frau, die Jesus herausfordert (Markus 7), oder die Frauen, die beim Kreuz bleiben und die ersten Zeuginnen der Auferstehung werden (Markus 15 – 16; Matthäus 28; Lukas 24).

Die womanistische Theologie, die aus der Lebenserfahrung afroamerikanischer Frauen hervorgeht, vertieft diese Kritik, indem sie die Schnittstellen von Rasse, Klasse und Geschlecht berücksichtigt. Womanistische Wissenschaftlerinnen wie Renita Weems, Delores Williams und Clarice Martin untersuchen, wie schwarze Frauen oft aus dem theologischen Diskurs ausgeblendet wurden und wie Evangeliengeschichten als Quelle der Widerstandskraft, des Überlebens und des heiligen Wertes wiederentdeckt werden können. Beispielsweise werden die Beharrlichkeit der Frau mit dem Alabastergefäß (Lukas 7,36 – 50) oder die Klage der Frauen von Jerusalem (Lukas 23,27 – 31) zu Ausgangspunkten für eine Lesart der Heiligen Schrift als Solidarität mit den Leidenden und als Ausdruck der Würde des Widerstands.

Die queere Bibelkritik geht einen anderen Weg und untersucht, wie Annahmen über Geschlecht und Sexualität die Interpretation geprägt haben und wie biblische Texte so gelesen werden können, dass sie queere Leben und Identitäten bekräftigen. Wissenschaftler wie Tat-siong, Benny Liew, Ken Stone und Teresa Hornsby stellen heteronormative Lesarten der Heiligen Schrift in Frage, erforschen die Fluidität von Geschlechterrollen und Körpern in den Evangelien und fragen, wie Jesu Umgang mit marginalisierten Personen radikale Inklusion verkörpert. Einige Interpretationen konzentrieren sich auf die Ambiguität bestimmter Beziehungen, die gegenüber Eunuchen und

Außenseitern entgegengebrachte Gastfreundschaft oder die Verqueerung von Macht in Jesu Ablehnung von Dominanz und seiner Akzeptanz von Verletzlichkeit.

Zusammengenommen bieten feministische, womanistische und queere Lesarten der synoptischen Evangelien nicht nur Kritik, sondern auch Rekonstruktion. Sie betonen, dass Interpretation niemals neutral ist, dass Schweigen und Auslöschung benannt werden müssen und dass das Evangelium Jesu Christi dann am eindringlichsten spricht, wenn es den Ausgegrenzten eine Stimme gibt, die Heiligkeit aller Körper und Identitäten bekräftigt und die Strukturen – sowohl alte als auch moderne – in Frage stellt, die Ausgrenzung und Leid aufrechterhalten.

Kontextuelle Ansätze der Weltkirche

Die Interpretation der synoptischen Evangelien wurde auch durch Stimmen aus Ländern des Globalen Südens belebt, wo Gemeinschaften die Heilige Schrift nicht nur aus akademischer Sicht lesen, sondern auch aus der Dringlichkeit gelebter Realität. In Afrika ist die Bibelauslegung oft von gemeinschaftlichen Werten, mündlicher Überlieferung und dem Gedächtnis der Vorfahren geprägt. Gelehrte wie Madipoane Masenya und Musa Dube rücken Lesarten in den Vordergrund, die sich mit HIV/AIDS, wirtschaftlicher Ungerechtigkeit, geschlechtsspezifischer Gewalt und postkolonialen Traumata auseinandersetzen. In diesen Lesarten erscheint Jesus als Heiler und Wiederhersteller und das Evangelium als Quelle der Hoffnung und Solidarität angesichts des Leids.

In Asien beleuchten Interpreten Themen wie Diaspora, Hybridität, Familie und Widerstand gegen koloniale und patriarchalische Strukturen. Persönlichkeiten wie Kwok Pui-lan, Gale Yee und Jung

Young Lee untersuchen, wie sich Evangelientexte mit konfuzianischer Ethik, gemeinschaftlicher Identität und der Realität von Einwanderern und asiatisch-amerikanischen Menschen überschneiden. Jesu Sorge um Fremde, Ausgestoßene und Verletzliche findet in Kulturen, die von Fragmentierung, Migration und kulturellem Wandel geprägt sind, tiefen Widerhall.

In Lateinamerika wird das Evangelium seit langem im Kontext von Armut, indigenem Kampf und Landrechten gelesen. Die Geschichten Jesu – insbesondere seine Heilungen, Exorzismen und Gleichnisse der Umkehr – werden als Zeichen der Befreiung interpretiert und rufen Gemeinschaften dazu auf, sich der Unterdrückung zu widersetzen und für Gerechtigkeit zu kämpfen. Indigene Christen interpretieren die Evangelien oft im Licht landgebundener Spiritualität, kollektiver Identität und entkolonialisierter Weltanschauungen und bekräftigen das Evangelium als Aufruf zur Wiederherstellung und zum Gedeihen der Gemeinschaft.

Diese globalen kontextuellen Lesarten ergänzen nicht nur die traditionelle Interpretation – sie dezentralisieren den westlichen Blick, stellen theologische Monokulturen in Frage und betonen die Pluralität und Beständigkeit der Bedeutung des Evangeliums über Sprachen, Kulturen und Geschichten hinweg. Sie erinnern uns daran, dass der Jesus der Evangelien viele Sprachen spricht, viele Wege geht und sich immer wieder dort offenbart, wo Menschen nach Gerechtigkeit, Heilung und Hoffnung hungern.

Fazit: Interpretation als Befreiung und Verantwortung

Postkoloniale, libertäre und kontextuelle Lesarten der synoptischen Evangelien stellen keine Abkehr von der getreuen Auslegung dar, sondern eine Rückkehr zu den radikalsten Aspekten der

Evangelientradition. Sie geben den Verletzten, den zum Schweigen Gebrachten und den Ausgeschlossenen eine Stimme – genau den Menschen, die Jesus stets in den Mittelpunkt seines Wirkens stellte. Sie erinnern uns daran, dass Jesus nicht aus den Hallen der Macht sprach, sondern von den Hügeln, den Marktplätzen und den Randgebieten. Er brach das Brot mit Sündern, rief korrupte Führer zur Rede, heilte die Gebrochenen und sprach in Gleichnissen, die Selbstzufriedenheit aufbrachen und das Herz Gottes offenbarten.

ethischem Bewusstsein zu lesen, ihre eigene privilegierte oder prekäre Position zu hinterfragen und zu fragen: Wessen Stimme fehlt in unseren Interpretationen? Wessen Erfahrungen werden ignoriert? Welche Annahmen bringen wir in den Text ein – und wem dienen sie?

Die Evangelien heute zu lesen ist nicht nur eine akademische Aufgabe – es ist ein moralischer und gemeinschaftlicher Akt. Die synoptischen Evangelien handeln nicht nur davon, was Gott damals tat; sie laden uns ein zu erkennen, was Gott heute tut. Sie verkünden ein Reich, in dem die Armen gesegnet, die Hungrigen satt und die Letzten zuerst da sind. Sie sprechen von einem gekreuzigten Herrn, dessen Auferstehung kein privater Trost ist, sondern die kosmische Erklärung, dass Leben dort erstehen wird, wo das Imperium zu töten versucht hat.

Lesen mit dem Gedanken der Befreiung bedeutet nicht, dass jede Interpretation politisch im Sinne einer Partei sein muss. Es bedeutet, dass jede Lesart Verantwortung trägt – gegenüber der Gemeinschaft, den Leidenden, der Hoffnung auf Gerechtigkeit und dem Evangelium selbst. Es ist ein Aufruf zur Interpretation als Solidarität, als Widerstand und als Auferstehungsglaube.

Kapitel 8
Vergleich der synoptischen Evangelien

Einleitung: Gemeinsam sehen, deutlich zuhören

Der Begriff "synoptisch" bedeutet "zusammen gesehen". Matthäus, Markus und Lukas werden als synoptische Evangelien bezeichnet, weil sie einen bemerkenswert ähnlichen Bericht über Jesu Leben, Wirken, Tod und Auferstehung enthalten. Ihre gemeinsame Struktur, die sich überschneidenden Geschichten und der oft nahezu identische Wortlaut ermöglichen es, sie in einer Evangelienzusammen-fassung nebeneinander zu lesen. Aufmerksame Leser bemerken jedoch schnell, dass diese Evangelien trotz ihrer engen Verwandtschaft auch deutliche Unterschiede aufweisen – in Wortschatz, Erzählweise, theologischer Ausrichtung und der Darstellung Jesu und seiner Anhänger.

Dieses Kapitel lädt die Leser ein, sowohl die Gemeinsamkeiten als auch die einzigartigen theologischen Profile jedes Evangeliums zu erkunden. Es bietet eine vergleichende Studie, die wichtige Überschneidungen (wie die dreifache Tradition), charakteristische Themen (wie das Reich Gottes, Jüngerschaft und Christologie) und charakteristische Merkmale der Darstellung Jesu durch jeden Evangelisten hervorhebt. Durch diesen Vergleich erkennen wir, dass die synoptischen Evangelien keine sich wiederholenden Berichte, sondern sich ergänzende Zeugnisse sind – drei Stimmen, jede geprägt von bestimmten Gemeinschaften und Überzeugungen, die auf unterschiedliche, aber dennoch eindringliche Weise von demselben Jesus Zeugnis ablegen.

Gemeinsames Material und Erzählmuster

Die synoptischen Evangelien weisen in ihrer Erzählstruktur bemerkenswerte Ähnlichkeiten auf. Alle drei beginnen mit der Taufe Jesu, beschreiben sein Wirken in Galiläa, schildern eine Reise nach Jerusalem und gipfeln in Passion, Kreuzigung und Auferstehung. Diese zentralen Ereignisse bilden das Grundgerüst der synoptischen Tradition, und ihre Übereinstimmung lässt darauf schließen, dass die Evangelisten auf gemeinsame Überlieferungen – mündliche und schriftliche – zurückgriffen und versuchten, die Geschichte Jesu in einer allgemein erkennbaren Reihenfolge darzustellen.

Dieses gemeinsame Material zeigt sich am deutlichsten in der sogenannten "dreifachen Tradition" – Passagen, die in allen drei Evangelien vorkommen. Beispiele hierfür sind die Taufe Jesu (Markus 1,9 – 11 // Matthäus 3,13 – 17 // Lukas 3,21 – 22), die Speisung der Fünftausend (Markus 6,30 – 44 // Matthäus 14,13 – 21 // Lukas 9,10 – 17), die Verklärung Christi und der Großteil der Passionsgeschichte. Diese Geschichten werden im Griechischen oft mit ähnlicher Ausdrucksweise wiedergegeben, was auf eine literarische Abhängigkeit hindeutet, wie in Kapitel 2 beschrieben.

Matthäus und Lukas teilen auch Textstellen, die bei Markus fehlen – wie die Seligpreisungen, das Vaterunser und Gleichnisse wie das vom verlorenen Schaf und von den klugen und törichten Bauleuten. Diese "Doppeltradition" ist ein zentrales Merkmal der Zweiquellenhypothese und könnte auf die hypothetische Q-Quelle zurückgehen. Doch selbst in diesen gemeinsamen Passagen unterscheiden sich Matthäus und Lukas deutlich in Reihenfolge, Aufbau und Wortwahl, was ihre redaktionellen und theologischen Prioritäten verdeutlicht.

Im Gegensatz dazu enthält jedes Evangelium auch einzigartiges Material. Matthäus berichtet vom Besuch der Heiligen Drei Könige, der Bergpredigt und einer ausführlichen Lehre über die Gemeinde (Mt 16,18 – 19; 18,15 – 20). Lukas bietet die Gleichnisse vom barmherzigen Samariter und vom verlorenen Sohn, eine ausführliche Geburtsgeschichte mit Marias Magnificat und Zacharias' Benedictus und legt den Schwerpunkt auf Gebet, den Heiligen Geist und Inklusion. Markus ist zwar das kürzeste Evangelium, bietet aber lebendige erzählerische Details, eine Aura der Dringlichkeit und einen unverwechselbaren Ton des Geheimnisvollen und der Mehrdeutigkeit.

Diese Muster deuten nicht nur auf eine gemeinsame Tradition, sondern auch auf kreative theologische Interpretation hin. Die Evangelisten bzw. Evangelisten hielten nicht einfach fest, was ihnen überliefert wurde; sie gestalteten es im Lichte der Anliegen, Hoffnungen und Identitäten ihrer Gemeinschaften um. Der Vergleich ermöglicht es uns, die Einheit und Vielfalt ihres Zeugnisses zu würdigen.

Theologische Themen im Vergleich

Obwohl die synoptischen Evangelien eine gemeinsame Geschichte erzählen, betonen sie unterschiedliche Aspekte dieser Geschichte. Diese Unterschiede sind keine Widersprüche, sondern theologische Akzente, die die Person und Mission Jesu aus jeweils einem anderen Blickwinkel beleuchten.

Ein zentrales Thema in allen drei Evangelien ist das Reich Gottes. Markus leitet Jesu öffentliches Wirken mit einer Erklärung über die Dringlichkeit des Reiches ein: "Die Zeit ist erfüllt, und das Reich Gottes ist nahe" (Markus 1,15). Matthäus führt dieses Thema weiter aus, indem er die Formulierung "Reich der Himmel" (eine jüdische, ehrfürchtige Umschreibung) verwendet und die Lehren Jesu – insbesondere in der Bergpredigt – als ethische Grundlage eines Lebens im Reich Gottes darstellt. Lukas schildert das Reich Gottes mit Betonung auf Umkehr und Inklusion, indem er den Armen die frohe Botschaft verkündet, den Gefangenen die Freilassung und die Erhöhung der Niedrigen verkündet (Lukas 4,18 – 19; 6,20 – 26). In den synoptischen Evangelien ist das Reich sowohl Gegenwart als auch Zukunft, persönlich und sozial, ethisch und apokalyptisch.

Jüngerschaft ist ein weiteres zentrales Thema. In allen drei Evangelien ruft Jesus seine Jünger dazu auf, Familie, Beruf und Sicherheit aufzugeben, um ihm zu folgen. Doch sie entwickeln dieses Thema auf unterschiedliche Weise. Markus betont den Preis und die Schwierigkeit der Jüngerschaft und schildert die Jünger als langsam im Begreifen und oft am Wesentlichen vorbei. Bei Matthäus sind die Jünger fähiger, und Jesus wird als Lehrer dargestellt, der sie durch strukturierten Unterricht formt. Lukas stellt Jüngerschaft als eine Reise der Verwandlung dar und betont dabei oft Gastfreundschaft, Gebet und die Führung des Heiligen Geistes.

Jedes Evangelium entwickelt zudem eine unverwechselbare Christologie. Markus porträtiert Jesus als den leidenden Menschensohn, dessen Identität vor allem durch das Kreuz verhüllt und offenbart wird. Matthäus betont Jesus als die Erfüllung der Heiligen Schrift, den neuen Moses und als denjenigen, der die Geschichte Israels vollendet. Lukas hebt Jesus als einen vom Geist gesalbten Propheten, einen Freund der Ausgegrenzten und den Begründer eines neuen Zeitalters der Erlösung hervor. Diese theologischen Darstellungen schließen sich nicht gegenseitig aus, sondern spiegeln unterschiedliche Schwerpunkte wider, die jeweils von der Heiligen Schrift, der Tradition und dem pastoralen Kontext geprägt sind.

Literarische Merkmale, Wortschatz und Schwerpunkte

Neben thematischen Unterschieden weisen die synoptischen Evangelien auch charakteristische literarische Stile und Vokabeln auf, die die theologischen Ziele jedes Evangelisten widerspiegeln. Diese Variationen helfen den Lesern nicht nur, jedes Evangelium für sich zu verstehen, sondern auch zu erkennen, wie Erzählkunst und theologischer Zweck Hand in Hand gehen.

Markus' Stil ist bekannt für seine lebendige und rasante Art. Er bevorzugt einfache Satzkonstruktionen, verwendet häufig das griechische Wort *euthus* ("sofort") und erzählt mit atemloser Dringlichkeit. Sein Evangelium ist voller Action und springt oft schnell von einem Ereignis zum nächsten. Markus lässt zahlreiche Nebenfiguren, emotionale Reaktionen und dramatische Ironie einfließen. Die Jünger missverstehen Jesus wiederholt, und die Geschichte endet nicht mit einem Triumph, sondern mit Zweideutigkeit und Angst (Markus 16,8). Diese Merkmale spiegeln Markus' theologische Betonung des Mysteriums und des Preises der Jüngerschaft, des leidenden Messias und der Herausforderung wider, Jesus trotz Missverständnissen und Angst nachzufolgen.

Das Matthäusevangelium ist formeller, strukturierter und didaktischer. Es ist das offenkundigste der synoptischen Evangelien und enthält zahlreiche Bibelzitate, Erfüllungsformeln und Verweise auf jüdisches Gesetz und jüdische Sitten. Matthäus bevorzugt die Formulierung "Himmelreich", wahrscheinlich aus Ehrfurcht vor dem göttlichen

Namen, und gliedert einen Großteil der Lehren Jesu in geordnete Reden, darunter die Bergpredigt (Kap. 5 – 7), die Missionsrede (Kap. 10) und die Gleichnisse vom Himmelreich (Kap. 13). Der Wortschatz ist oft gehobener und kultivierter als bei Markus, und der Ton erinnert an den eines Rabbiners oder Schriftgelehrten, der eine neue Gemeinde unterweist. Der Jesus des Matthäus ist ein Lehrer und Ausleger der Tora, der zu einer Gerechtigkeit aufruft, die über oberflächliche Befolgung hinausgeht und die tieferen Forderungen von Liebe und Gerechtigkeit aufgreift.

Lukasevangelium ist geprägt von Eleganz, Breite und Inklusivität. Der Griechischunterricht ist kultivierter als bei Markus oder Matthäus, und Lukas schreibt im Stil eines hellenistischen Historikers (wie seine Einleitung in Lukas 1,1 – 4 nahelegt). Er verwendet häufig Parallelgeschichten, poetische Lieder (wie das Magnificat und das Benedictus) und lange erzählende Abschnitte, darunter den Reisebericht (Lukas 9,51 – 19,27), der Jesu Reise nach Jerusalem als theologische Pilgerfahrt darstellt. Lukas legt auch großen Wert auf den Heiligen Geist, die Rolle der Frauen, das Gebet und die Umkehr – die Niedrigen erheben und die Stolzen erniedrigen. Sein Jesus ist eine mitfühlende und prophetische Gestalt, die Außenstehenden Erlösung bringt und ein Evangelium der Freude und Gerechtigkeit verkündet.

Jeder Evangelist verleiht der gemeinsamen Geschichte Jesu eine einzigartige literarische Stimme und theologische Vision. Ihre unterschiedlichen Entscheidungen in Struktur, Ton, Wortschatz und Erzählverlauf laden die Leser ein, aufmerksam zuzuhören und dieselbe Geschichte aus verschiedenen Blickwinkeln zu betrachten – ähnlich wie ein Diamant verschiedene Facetten offenbart, je nachdem, wie man ihn gegen das Licht hält.

Vergleichende Fallstudien

Um zu verstehen, wie diese Unterscheidungen in den Evangelien in der Praxis funktionieren, können wir einige wichtige Parallelgeschichten untersuchen und beobachten, wie jeder Evangelist die gemeinsame Tradition adaptiert und interpretiert. Diese Fallstudien verdeutlichen nicht nur Textvariationen, sondern auch tiefere theologische Überzeugungen.

Die Taufe Jesu

In Markus 1,9 – 11 wird die Taufe sparsam und dramatisch beschrieben. Jesus kommt aus Galiläa, wird von Johannes getauft und sieht sofort, wie sich der Himmel öffnet und der Geist wie eine Taube herabsteigt. Eine Stimme spricht direkt zu Jesus: "Du bist mein geliebter Sohn." Markus betont Jesu göttliche Identität und den Bruch zwischen Himmel und Erde und deutet damit den apokalyptischen Charakter seiner Mission an.

Matthäus' Bericht (3,13 – 17) erweitert die Szene um einen Dialog zwischen Jesus und Johannes. Johannes protestiert und fordert, sich von Jesus taufen zu lassen. Jesus antwortet: "So soll es nun sein; denn so gebührt es uns, alle Gerechtigkeit zu erfüllen." Dieser Dialog lenkt mögliche Bedenken darüber ab, warum der sündlose Jesus getauft wird, und betont seine Rolle als gehorsamer Diener, der Gottes Willen und die Heilige Schrift erfüllt.

Lukas' Version (3,21 – 22) ist noch prägnanter: Sie lässt Johannes' Beteiligung völlig aus und legt den Schwerpunkt auf Jesu Gebet und die Herabkunft des Geistes. Die Stimme vom Himmel spricht ähnlich, dient aber als Tell von Lukas' umfassenderem Motiv göttlicher Bestätigung und geistiger Ermächtigung. Die Szene führt Themen prophetischer Mission, betender

Abhängigkeit und göttlicher Führung ein, die sich durch die gesamte Apostelgeschichte ziehen.

Die Verklärung

Alle drei synoptischen Evangelien berichten von der Verklärung (Markus 9,2 – 8; Matthäus 17,1 – 8; Lukas 9,28 – 36), in der Jesus in Herrlichkeit erscheint, begleitet von Moses und Elias, und von einer Stimme aus dem Himmel bestätigt wird. Bei Markus liegt der Fokus auf der Furcht der Jünger, dem Geheimnis des Ereignisses und Jesu Gebot, bis nach der Auferstehung zu schweigen. Dies führt Markus' Thema des "messianischen Geheimnisses" fort – Jesus darf nicht als bloßer Wundertäter oder triumphierender Anführer missverstanden werden.

Matthäus fügt wichtige interpretierende Elemente hinzu. Er erwähnt ein Detail, in dem die Jünger vor Angst auf ihr Angesicht fallen und von Jesus beruhigt werden. Die Stimme sagt nicht nur "Dies ist mein Sohn", sondern fügt hinzu: "Hört auf ihn", was Deuteronomium 18,15 widerspiegelt und Jesus als den verheißenen Propheten wie Moses bestätigt. Der Schwerpunkt liegt auf der göttlichen Offenbarung und Jesu Autorität als Interpret von Gottes Willen.

Lukas' Bericht betont Jesu Gespräch mit Mose und Elias über seinen bevorstehenden "Auszug" (Exodus) in Jerusalem – eine klare Verbindung zwischen diesem Moment der Herrlichkeit und dem bevorstehenden Leiden. Lukas erwähnt auch, dass die Jünger schläfrig waren, was an Gethsemane erinnerte, und dass Petrus sprach, ohne zu verstehen. Der Schwerpunkt liegt nicht nur auf Jesu Identität, sondern auch auf der Kontinuität zwischen seinem Leiden und seiner Mission, einem zentralen Thema des Lukas.

Die Passionsgeschichte

Die synoptischen Passionsgeschichten schildern alle die Verhaftung, den Prozess, die Kreuzigung und den Tod Jesu, doch ihr Ton und ihre theologische Ausrichtung unterscheiden sich.

Markus schildert die Passion mit purer Intensität. Jesus wird von seinen Jüngern verlassen, von den Umstehenden verspottet und schreit voller Angst am Kreuz: "Mein Gott, mein Gott, warum hast du mich verlassen?" (Markus 15,34). Es gibt keine Erscheinung nach der Auferstehung, und die Frauen fliehen voller Angst. Der Jesus des Markus leidet zutiefst und verkörpert den Skandal und den Preis des Kreuzes.

Matthäus übernimmt einen Großteil der Struktur des Markusevangeliums, fügt aber kraftvolle apokalyptische Zeichen hinzu: Der Tempelvorhang zerreißt, ein Erdbeben ereignet sich und Gräber öffnen sich (Mt 27,51 – 53). Diese Einzelheiten unterstreichen die kosmische Bedeutung von Jesu Tod und die Erfüllung der Prophezeiung. Der Hauptmann ruft aus: "Wahrhaftig, dieser war Gottes Sohn!" (27,54) und greift damit Matthäus' Thema von Erkenntnis und Erfüllung auf.

Lukas' Passionsgeschichte ist gelassener und von Gnade durchdrungen. Jesus wird als Herr der Lage dargestellt, der seinen Henkern vergibt ("Vater, vergib ihnen"), den reuigen Dieb tröstet ("Heute noch wirst du mit mir im Paradies sein") und seinen Geist friedvoll Gott anvertraut ("Vater, in deine Hände lege ich meinen Geist"). Lukas betont göttliches Mitgefühl, unschuldiges Leiden und die Erlösung auch in der letzten Stunde.

Diese vergleichenden Beispiele zeigen, wie die synoptischen Evangelien, obwohl sie im Grunde dieselbe Geschichte erzählen, unterschiedliche theologische Darstellungen Jesu zeichnen, die jeweils von besonderen Anliegen und Kontexten geprägt sind. Die Evangelisten widersprechen sich nicht – sie interpretieren gemeinsam und helfen uns so, die Tiefe und Fülle des Evangeliums zu erkennen.

Warum vergleichende Studien wichtig sind

Der Vergleich der synoptischen Evangelien ist nicht bloß eine akademische Übung – er ist eine Übung in theologischer Unterscheidung, literarischer Wertschätzung und spiritueller Aufmerksamkeit. Indem wir Matthäus, Markus und Lukas nebeneinander stellen, beginnen wir nicht nur zu erkennen, was sie gemeinsam haben, sondern auch, was sie betonen, was sie neu interpretieren und wie sie durch unterschiedliche theologische Stimmen Gemeinschaften bilden.

Dieser vergleichende Ansatz würdigt die Vielfalt innerhalb der Einheit, die das Neue Testament kennzeichnet. Die frühe Kirche bewahrte kein einziges Evangelium. Stattdessen kanonisierte sie vier, da sie erkannte, dass kein einzelner Bericht die Bedeutung von Jesu Leben und Botschaft erschöpfen konnte. Die Unterschiede zwischen den Synoptikern sind keine Probleme, die gelöst oder bereinigt werden müssen – sie sind Geschenke, die einander ergänzen und Einblicke in das Geheimnis Christi bieten.

Wenn wir die Evangelien vergleichen, entwickeln wir ein tieferes Bewusstsein dafür, wie Theologie in narrativer Form funktioniert. Wir sehen, dass der Jesus des Matthäus ein Lehrer ist, der die Tora erfüllt, dass der Jesus des Markus ein leidender Sohn Gottes ist, der seine Jünger zu einer kostspieligen Nachfolge aufruft, und dass der Jesus des Lukas ein Prophet des Mitgefühls und der Umkehr ist. Jedes Evangelium verkündet auf seine Weise das Reich Gottes und lädt zu einer Antwort des Glaubens ein – doch die

Form dieser Einladung variiert und bietet Raum für unterschiedliche Ausdrucksformen der Jüngerschaft.

Vergleichende Studien vertiefen auch unser Verständnis davon, wie die Evangelisten ihre Texte gestalteten. Wie wir in Kapitel 4 gesehen haben, überarbeitete jeder Autor frühere Überlieferungen – insbesondere Markus –, um die Fragen und Bedürfnisse seiner eigenen Gemeinschaft zu berücksichtigen. Durch Redaktion, Anordnung und Erzählweise vermittelten sie nicht nur Fakten über Jesus, sondern auch Interpretationsrahmen, die Identität, Gottesdienst und Mission prägten. Durch den Vergleich ihrer Berichte lernen wir, wie sich Theologie nicht nur im Gesagten, sondern auch in der Art und Weise des Erzählens ausdrückt.

Schließlich fördert vergleichendes Lesen eine Haltung der Demut. Es erinnert uns daran, dass keine einzelne Stimme oder Gemeinschaft das Monopol auf die Wahrheit besitzt. In einer Zeit, die oft Gewissheit und Einheitlichkeit schätzt, lehren uns die synoptischen Evangelien, mit Komplexität zu leben, Nuancen zu schätzen und trotz aller Unterschiede zuzuhören. Sie sind ein Vorbild für eine theologische Konversation, in der Einheit nicht Gleichheit bedeutet und Wahrheit durch Dialog und Vielfalt offenbart wird.

Anwendungen für Lehre, Predigt und Ausbildung

Für Lehrende, Prediger und andere in Glaubensgemeinschaften bietet das vergleichende Studium der synoptischen Evangelien praktische Werkzeuge für eine intensivere Auseinandersetzung und Weiterbildung. Es ermutigt Interpreten, innezuhalten, fundiertere Fragen zu stellen und andere dabei zu unterstützen, die unverwechselbaren Stimmen der Heiligen Schrift wertzuschätzen.

Im Gottesdienst, bei Andachten, im Studium und im Unterricht hilft die Verwendung einer Evangelienzusammenfassung oder paralleler Texte den Lesern, Muster selbst zu entdecken. Sie lernen, Unterschiede in Formulierungen, Struktur und theologischer Betonung zu erkennen und sich mit deren Bedeutung auseinanderzusetzen. Vergleichendes Lesen schärft das kritische Denken und hilft aufmerksamen Lesern, über oberflächliche Lesarten oder Harmonisierungen hinauszugehen.

Beim Predigen können die unterschiedlichen Schwerpunkte der einzelnen Evangelien den Ton und die Ausrichtung der Verkündigung prägen. Eine Predigt nach Matthäus könnte Jesus als Lehrer und Erfüllung darstellen; eine Predigt nach Markus könnte Dringlichkeit, Mehrdeutigkeit und Jüngerschaft unter Druck hervorheben; eine Predigt nach Lukas könnte göttliche Barmherzigkeit, Freude und Gastfreundschaft betonen. Das Erkennen dieser Unterschiede hilft Predigern, allgemeine Botschaften zu vermeiden und stattdessen den Text authentisch und klar zu verkünden.

In der spirituellen Bildung fördert die vergleichende Lektüre der Synoptiker die Aufmerksamkeit. Sie hilft Einzelnen und Gemeinschaften zu entdecken, wie verschiedene Aspekte von Jesu Identität und Mission zu verschiedenen Lebensabschnitten passen. Leidenden kann der Jesus des Markus Solidarität und Kraft spenden. Unsicheren kann der Jesus des Lukas Freude und Zuversicht schenken. Weisheitssuchenden kann der Jesus des Matthäus Orientierung und Halt bieten. Diese Stimmen wirken zusammen – nicht im Wettbewerb, sondern im Chor –, um die Jüngerschaft des ganzen Menschen zu gestalten.

Fazit: Eine Symphonie der Zeugen

Matthäus, Markus und Lukas bilden gemeinsam eine Symphonie theologischer Zeugnisse – drei unterschiedliche, aber harmonische Stimmen, die die frohe Botschaft von Gottes Herrschaft durch die Geschichte Jesu Christi verkünden. Ihre Ähnlichkeiten führen uns in die gemeinsame Erinnerung an die frühe Kirche. Ihre Unterschiede laden uns ein, den Reichtum und die Breite der Bedeutung des Evangeliums zu erforschen.

Der Vergleich der synoptischen Evangelien macht einen zum besseren Zuhörer – man achtet mehr auf sprachliche Unterschiede, ist offener für Nuancen und öffnet sich dem Geist, der durch die Vielfalt spricht. Es bedeutet, in einen Dialog über Zeit und Gemeinschaft hinweg einzutreten, in dem das Antlitz Christi in vielen Dimensionen erscheint: als Lehrer, Prophet, Heiler, Befreier, gekreuzigter Messias, auferstandener Herr.

In einer Welt der Spaltung bieten die synoptischen Evangelien nicht nur Wahrheit, sondern auch ein Modell theologischer Vielfalt, zusammengehalten durch ein gemeinsames Bekenntnis. Sie erinnern uns daran, dass das Evangelium nicht eindimensional ist. Es ist ein lebendiges Wort, das immer wieder erzählt, erinnert und neu interpretiert und in jedem Kontext neu gesprochen wird. Wenn wir diesen drei unterschiedlichen Evangelisten zuhören, sind wir eingeladen, unseren Platz in ihrer Geschichte zu finden – und mit unseren eigenen Stimmen Zeugnis abzulegen für den Gott, der noch immer spricht.

Kapitel 9
Die synoptischen Evangelien und die hebräischen Schriften

Einleitung: Eine Geschichte, viele Echos

Schon die ersten Verse des Neuen Testaments machen deutlich, dass die Evangelisten die Geschichte Jesu nicht als etwas völlig Neues verstehen. Vielmehr stellen sie sie als Höhepunkt einer viel älteren Geschichte dar – der Geschichte Israels, der Verheißungen Gottes, des Bundesvolkes, des Gesetzes, der Propheten und der Hoffnung auf Erlösung. Für die Verfasser von Matthäus, Markus und Lukas ergeben Leben, Tod und Auferstehung Jesu erst dann einen Sinn, wenn sie im Licht der Schriften Israels gelesen werden, die Christen als Altes Testament kennen.

In den synoptischen Evangelien werden die hebräischen Schriften auf subtile und explizite Weise zitiert, erwähnt und wiederholt. Diese biblischen Bezüge sind nicht bloße Verzierungen; sie bilden den Kern der theologischen Aussagen der Evangelisten. Sie prägen das Verständnis der Zuhörer für Jesus – seine Abstammung, Geburt, Mission, Lehren, sein Leiden und seine Auferstehung. Sie rahmen seine Geschichte als eine Geschichte der Erfüllung und Kontinuität ein, selbst wenn er neue Interpretationen und radikale Forderungen vorbringt.

Dieses Kapitel untersucht die vielfältigen Verbindungen der synoptischen Evangelien zur hebräischen Bibel – durch explizite Zitate, implizite Anklänge, typologische Muster und theologische Neuinterpretationen. Durch die Untersuchung dieser

93

Zusammenhänge gewinnen wir tiefere Einblicke in das Verständnis der frühen christlichen Gemeinden für Jesus als in der jüdischen Tradition verwurzelt und diese von innen heraus transformierend.

Zitate und Erfüllung im Matthäusevangelium

Von den synoptischen Evangelisten ist Matthäus derjenige, der die hebräischen Schriften am deutlichsten nutzt. Schon in der einleitenden Genealogie (Matthäus 1,1 – 17), die Jesu Abstammung über David und Abraham nachzeichnet, stellt Matthäus Jesus als Höhepunkt der Geschichte Israels dar. Seine häufige Verwendung der Formel "Damit erfüllte sich, was durch den Propheten gesagt ist …" verdeutlicht seine Absicht: Er wollte zeigen, dass die Ereignisse im Leben Jesu in der Heiligen Schrift vorweggenommen wurden.

Das Matthäusevangelium enthält mindestens ein Dutzend Erfüllungszitate, die jeweils ein bestimmtes Ereignis im Leben Jesu mit einem prophetischen Text verknüpfen. Als Jesus von einer Jungfrau geboren wird, zitiert Matthäus Jesaja 7,14 ("Eine Jungfrau wird schwanger sein und einen Sohn gebären") als Erfüllung in diesem Ereignis (Mt 1,22 – 23). Als Herodes die Säuglinge massakriert, bezieht sich Matthäus auf Jeremia 31,15 ("Rachel weint um ihre Kinder"), um diesen Schrecken in den Kontext des Leids des Exils zu stellen (Mt 2,17 – 18). Als Jesus seinen Dienst in Galiläa beginnt, sieht Matthäus darin die Erfüllung von Jesajas Prophezeiung von einem großen Licht, das im Land Sebulon und Naftali leuchtet (Mt 4,14 – 16; Jes 9,1 – 2).

Diese Zitate erfüllen sowohl apologetische als auch theologische Funktionen. Sie versichern den jüdisch-christlichen Lesern des Matthäusevangeliums, dass der Glaube an Jesus nicht bedeutet, die Heilige Schrift aufzugeben – vielmehr offenbart er deren tiefere

Bedeutung. Gleichzeitig zeigen diese Erfüllungstexte, dass die Geschichte Jesu kein Zufall der Geschichte ist, sondern Teil von Gottes lange verheißenem Plan für Israel und die Welt.

Matthäus beschäftigt sich auch mit Typologie und stellt Jesus als neuen Mose und neues Israel dar. Die Flucht nach Ägypten und die Rückkehr (Mt 2,13 – 15) erinnern an den Exodus. Die Versuchung in der Wüste spiegelt Israels Prüfung wider (Mt 4,1 – 11; Dtn 6 – 8). Die Bergpredigt erinnert an den Sinai, auf den Jesus steigt, um göttliche Lehren zu verkünden. So zeigt Matthäus, wie Jesus nicht nur die Prophezeiung erfüllt, sondern auch Israels Geschichte nachspielt und erlöst.

Biblischer Rahmen und implizite Anspielungen bei Markus

Markus verwendet die Heilige Schrift zwar weniger explizit als Matthäus, verwebt die hebräische Bibel aber dennoch auf tiefgründige und raffinierte Weise in seine Erzählung. Er eröffnet sein Evangelium nicht mit einer Geburtsgeschichte, sondern mit einer Bibelcollage: "Wie es geschrieben steht im Propheten Jesaja" (Markus 1,2 – 3). Das Zitat ist eigentlich eine Zusammenstellung von Maleachi 3,1 und Jesaja 40,3 und signalisiert die prophetische Vorbereitung auf Gottes Kommen. Es gibt den Ton für das Evangelium als Erfüllung göttlicher Verheißung an.

Im gesamten Markusevangelium tauchen im Hintergrund von Jesu Taten und Worten alttestamentliche Anspielungen auf. Wenn Jesus in Gleichnissen lehrt, erinnert er an Jesaja 6, wo der Prophet aufgefordert wird, auf eine Weise zu sprechen, die die Herzen verhärtet (Markus 4,10 – 12). Als Jesus auf einem Esel in Jerusalem einzieht, beruft sich Markus auf Sacharja 9,9, wo ein demütiger König kommt, um Frieden zu bringen. Als Jesus gekreuzigt wird und ausruft: "Mein Gott, mein Gott, warum hast du mich verlassen?" (Markus 15,34), zitiert er Psalm 22,1 und verbindet sein Leiden mit der Klage des rechtschaffenen Leidenden.

Markus' Anspielungen sind oft subtil und symbolisch und erfordern besondere Aufmerksamkeit. Das Zerreißen des Tempelvorhangs bei Jesu Tod (Markus 15,38) könnte auf einen neuen Zugang zu Gottes Gegenwart, eine apokalyptische Enthüllung oder die Erfüllung von Prophezeiungen von Gericht und Erneuerung hindeuten. Die Verwendung der Formulierung "Menschensohn" im gesamten Evangelium erinnert an Daniel 7, wo eine himmlische Gestalt nach ihrem Leiden Autorität und Rechtfertigung erhält.

Obwohl Markus weniger direkte Zitate enthält, ist sein Evangelium voller biblischer Bilder und prägt eine Theologie, in der Leben und Tod Jesu die heilige Geschichte Israels rekapitulieren und neu interpretieren. Für Markus ist Jesus der verborgene Messias, der leidende Gerechte und der eschatologische Menschensohn, die alle in den Hoffnungen und Texten der Heiligen Schrift Israels verwurzelt sind.

Lukas' liturgischer und theologischer Gebrauch der Heiligen Schrift

Unter den synoptischen Evangelisten integriert Lukas die Heilige Schrift nicht nur durch Zitate und Anspielungen, sondern auch aus einer tief liturgischen und theologischen Perspektive. Sein Evangelium ist durchdrungen von der Sprache, Struktur und den Themen der hebräischen Heiligen Schrift, wie sie in der griechischen Septuaginta zum Ausdruck kommen, und wird oft durch Lieder, Gebete und Reden zum Ausdruck gebracht, die den Psalmen und prophetischen Schriften ähneln.

Lukas' Kindheitsgeschichten (Lukas 1 – 2) sind ein Paradebeispiel. Die Figuren Zacharias, Maria, Simeon und Hanna sprechen und handeln wie Gestalten aus Israels Vergangenheit. Ihre Lobgesänge – Benedictus, Magnificat, Gloria und Nunc Dimittis – sind voller Zitate, Anklänge und theologischer Motive aus den Psalmen, Jesaja und anderen prophetischen Büchern. Diese Texte verorten die Geburt Jesu in einem Kontinuum göttlicher Verheißungen und stellen ihn als Erfüllung des Bundes Gottes mit Israel dar, insbesondere seiner Barmherzigkeit gegenüber den Armen und seiner Treue zu Abraham.

Lukas 4,16 – 30 bietet ein weiteres eindrucksvolles Beispiel. Dort liest Jesus in der Synagoge von Nazareth Jesaja 61 und erklärt: "Heute ist dieses Wort der Schrift vor euren Ohren erfüllt worden." Die Passage, die er liest, beschreibt die frohe Botschaft für die Armen, die Befreiung der Gefangenen und das Gnadenjahr des Herrn – eine Verkündigung, die bei Lukas zu Jesu eigenem Leitbild wird. Doch die gewalttätige Reaktion des Volkes nimmt auch das Muster prophetischer Ablehnung vorweg, ein Thema, das sich durch das gesamte Evangelium und die Apostelgeschichte zieht.

Lukas ist auch tief mit der Theologie von Verheißung und Erfüllung vertraut. Der Ausdruck "muss" (griechisch: *dei*, "es ist notwendig") zieht sich durch das ganze Evangelium, besonders in Bezug auf Jesu Leiden, Tod und Auferstehung. Nach der Auferstehung legt Jesus den Jüngern auf dem Weg nach Emmaus seine Geschichte aus: "Er legte ihnen aus, was in der gesamten Schrift über ihn gesagt ist, angefangen bei Mose und allen Propheten" (Lukas 24,27). Später sagt er ihnen: "Alles, was im Gesetz des Mose, in den Propheten und in den Psalmen über mich geschrieben steht, muss erfüllt werden" (24,44).

Lukas' Darstellung Jesu ist nicht nur in der Heiligen Schrift verwurzelt, sondern gibt auch der Lesart der Heiligen Schrift eine neue Richtung. Jesus wird als der Schlüssel dargestellt, der die volle Bedeutung der Geschichte Israels erschließt. In ihm finden die prophetischen Hoffnungen auf Befreiung, Einbeziehung, Umkehr und Erlösung ihre Erfüllung – nicht durch die Abschaffung des Alten, sondern durch dessen Vollendung in einem neuen Zeitalter der Heilsgeschichte.

Typologie und theologische Musterung in den synoptischen Evangelien

Über direkte und offene Zitate hinaus verwenden die synoptischen Evangelien häufig eine typologische Interpretation – einen theologischen Ansatz, der Muster, Ereignisse oder Figuren in den Heiligen Schriften Israels als Vorahnung und Vorwegnahme von Realitäten betrachtet, die sich im Leben Jesu erfüllt haben.

Typologie unterscheidet sich von Vorhersage. Es geht nicht darum, dass das Alte Testament Jesus im engeren Sinne bewusst "vorhersagt", sondern dass die Geschichte Jesu die größere Geschichte von Gottes Wirken in der Geschichte widerspiegelt und nachspielt. Die Vergangenheit wird zum Muster, das die Gegenwart mit neuer Bedeutung füllt.

Das Matthäusevangelium ist besonders reich an Typologie. Jesus wird als neuer Moses dargestellt: Er entkommt als Kind einem tyrannischen Herrscher, verbringt Zeit in Ägypten, lässt sich taufen, besteigt einen Berg, um zu lehren, und gründet eine Bundesgemeinschaft. Seine Genealogie (Matthäus 1) stellt ihn als Höhepunkt der Geschichte Israels dar. Seine fünf großen Reden spiegeln die fünf Bücher der Tora wider. Matthäus nutzt Israels Exil und Rückkehr auch als typologischen Rahmen für Jesu Leben: "Aus Ägypten habe ich meinen Sohn gerufen" (Matthäus 2,15; vgl. Hos 11,1) bezieht sich sowohl auf Israel als auch auf Jesus.

Markus, obwohl weniger programmatisch, enthält auch typologische Elemente. Jesus wird als der gerechte Leidende dargestellt, in Anlehnung an die Psalmen und Gottesknechtslieder Jesajas. Sein Weg spiegelt den der Propheten wider: in seiner Heimatstadt abgelehnt, von den Seinen missverstanden, im Angesicht des Todes verlassen. Das Zerreißen des Tempelvorhangs bei seinem Tod kann typologisch als das Ende der alten Ordnung und die Eröffnung eines neuen Zugangs zu Gottes Gegenwart gelesen werden (Markus 15,38).

Lukas nutzt die Typologie, um einen heilsgeschichtlichen Bogen von der Schöpfung über Kreuz und Auferstehung bis hin zur frühen Kirche in der Apostelgeschichte zu spannen. Jesus ist der Höhepunkt der prophetischen Tradition Israels, aber auch der Beginn einer weltweiten Mission, die Heiden und die Enden der Erde erreicht. Lukas' häufige Bezugnahme auf Elia und Elisa, seine Verwendung des Jesaja und seine Betonung der Erfüllung der Heiligen Schrift verbinden Jesu Leben und Wirken mit einer langen Erzählung göttlichen Wirkens, die nun durch die vom Heiligen Geist erfüllte Kirche fortgeführt wird.

Die Typologie vertieft somit die theologische Bedeutung der synoptischen Evangelien. Sie stellt Jesus nicht als göttliche Unterbrechung dar, sondern als Höhepunkt einer lange andauernden Geschichte, in der Gott treu, beständig und kreativ bleibt und durch vertraute Muster neues Leben bringt.

Fazit: Die Evangelien als Erfüllung und Transformation

Die synoptischen Evangelien sind zutiefst und bewusst intertextuelle Texte. Sie können nicht losgelöst von den Schriften Israels gelesen werden – nicht nur als Hintergrundmaterial, sondern als wesentlich für ihre Bedeutung, Botschaft und Mission. Die hebräische Bibel bereitet nicht nur auf die Evangelien vor; sie ist ihre Sprache, Weltanschauung und ihr theologischer Nährboden.

Wer die synoptischen Evangelien aufmerksam liest, hört die Stimme von Moses, den Propheten und den Psalmisten in Jesu Worten und Taten widerhallen. Das von ihm verkündete Königreich ist die Erfüllung der Sehnsucht Israels. Seine Identität wurzelt in den Verheißungen Davids, dem Leiden des Gottesknechtes und der Weisheit der Weisen. Die Gemeinschaft, die er gründet, wird nicht anstelle Israels errichtet, sondern aus dessen Hoffnungen heraus – erweitert und transformiert, um alle Nationen einzuschließen.

Doch diese Erfüllung ist keine Wiederholung. Jesus interpretiert das Gesetz neu, erzählt radikale Gleichnisse, ruft zu tieferer Gerechtigkeit auf und nimmt Ausgestoßene und Feinde an. Er verkörpert eine Lesart der Heiligen Schrift, die zugleich treu und überraschend ist – eine, die die Vergangenheit würdigt, sich aber nicht von ihr einschränken lässt. Seine Auferstehung wird zum ultimativen Akt der Neulektüre, der die Heilige Schrift auf neue Weise öffnet und offenbart, dass Leiden zu Ruhm und Tod zum Leben führt.

Dieses reiche Zusammenspiel zwischen den Evangelien und den Hebräischen Schriften lädt heutige Leser zu einem kontinuierlichen Dialog mit der gesamten Heiligen Schrift ein. Es fordert uns heraus, das Alte und das Neue Testament nicht als getrennte Bücher zu betrachten, sondern als miteinander verwobene Zeugnisse von Gottes Charakter, Absichten und Treue. Und es ruft uns dazu auf, die gesamte Heilige Schrift im Licht Jesu zu lesen – in dem Gottes Versprechen Ja und Amen sind.

Kapitel 10
Frauen, Geschlecht und Macht in den synoptischen Evangelien

Einleitung: Frauen sehen, Macht benennen

Die synoptischen Evangelien erzählen Geschichten von Heilung, Befreiung und dem Einbruch des Reiches Gottes. Es sind Erzählungen, in denen Grenzen überschritten, Hierarchien in Frage gestellt und die Letzten zu den Ersten gemacht werden. In diesen Erzählungen erscheinen Frauen häufiger und bedeutsamer, als traditionelle Annahmen es oft zulassen. Sie sind als Empfängerinnen von Heilung, als prophetische Stimmen, als mutige Fragestellerinnen, als treue Jüngerinnen und als Zeuginnen von Kreuzigung und Auferstehung präsent. Doch sie bleiben auch ungenannt, werden übersehen und oft wird eher über sie gesprochen, als mit ihnen gesprochen.

Dieses Kapitel untersucht die Darstellung von Frauen und die Dynamik von Geschlecht und Macht in den synoptischen Evangelien. Es fragt, welche Rolle Frauen in der Erzählung spielen, wie Jesus mit ihnen interagiert und was die Evangelien über sozialen Status, Inklusion und die Gemeinschaft der Jüngerschaft aussagen. Basierend auf eingehender Lektüre und den Erkenntnissen feministischer und womanistischer Interpretinnen zeigt dieses Kapitel, wie die Evangelien sowohl die patriarchalischen Realitäten des ersten Jahrhunderts widerspiegeln als auch Ressourcen für Befreiung, Bestätigung und theologische Neuinterpretation bieten.

Indem wir uns mit diesen Geschichten beschäftigen, entdecken wir nicht nur vergessene Persönlichkeiten – wir gewinnen auch Einblick in die radikale Logik des Reiches Gottes, in dem die Übersehenen emporgehoben und die Mächtigen erniedrigt werden. Diese Geschichten regen zeitgenössische Leser dazu an, sich nicht nur zu fragen, wie Frauen zur Zeit Jesu gesehen wurden, sondern auch, wie sie – und wie sie sich selbst – in der Kirche und der Welt heute gesehen werden.

Frauen in der Erzählwelt der Evangelien

Die synoptischen Evangelien stellen uns eine Reihe weiblicher Charaktere vor, manche mit Namen, viele ohne Namen, die in entscheidenden Momenten von Jesu Leben und Wirken auftreten. Während Männer die öffentlichen Bereiche der Geschichte dominieren – Pharisäer, Jünger, Herrscher und Menschenmengen –, treten Frauen oft als Unterbrechungen auf, deren Anwesenheit die Erzählung umlenkt, tiefere Wahrheiten ans Licht bringt oder das Wesen der Jüngerschaft deutlicher offenbart als das Handeln der Zwölf.

Einige Frauen werden namentlich genannt – Maria, die Mutter Jesu, spielt in den Geburtserzählungen von Matthäus und Lukas eine zentrale Rolle. Bei Lukas antwortet Maria dem Engel Gabriel mit treuem Gehorsam und spricht das Magnificat, ein radikales Lied der Umkehr und Befreiung (Lukas 1,46 – 55). Maria Magdalena wird, zusammen mit anderen Frauen aus Galiläa, als Jüngerin, Zeugin der Kreuzigung und Schlüsselfigur in den Auferstehungserzählungen genannt (Markus 15,40 – 41; Matthäus 28,1 – 10; Lukas 24,1 – 11). Ihre Anwesenheit in allen vier Evangelien in diesen entscheidenden Momenten unterstreicht ihre apostolische Bedeutung, auch wenn ihre spätere Darstellung in der kirchlichen Tradition sie oft auf eine Karikatur der sexuellen Sünde reduziert.

Frauen bleiben zwar häufiger namenlos, sind aber dennoch erzählerisch und theologisch bedeutsam. Die blutende Frau in Markus 5,25 – 34 (auch bei Matthäus und Lukas) streckt voller Hoffnung und Verzweiflung die Hand aus, um Jesu Mantel zu berühren. Sie wird nicht nur körperlich geheilt, sondern erhält auch öffentlich Bestätigung: "Tochter, dein Glaube hat dich gesund gemacht." Ihre Geschichte ist ein eindrucksvolles Zeugnis von Beharrlichkeit, Glauben und dem Wiedererlangen der Würde, insbesondere angesichts ritueller Unreinheit und sozialer Ausgrenzung.

In Lukas 7,36 – 50 salbt eine "sündige Frau" Jesu Füße mit Tränen und Parfüm, während ein Pharisäer ihre Anwesenheit und ihren Wert in Frage stellt. Jesus verteidigt sie, deutet ihr Handeln als Liebe und Glauben und betrachtet sie im Licht der Vergebung, nicht im Licht der Maßstäbe des Pharisäers und anderer. So hinterfragt diese Geschichte soziale Grenzen und definiert Gerechtigkeit neu – nicht anhand von Rechtsstatus oder Geschlecht, sondern anhand von Demut, Gastfreundschaft und Liebe.

Auch in Gleichnissen kommen Frauen vor. Jesus vergleicht das Reich Gottes mit einer Frau, die Sauerteig zu Teig knetet (Mt 13,33; Lk 13,20 – 21), einer Frau auf der Suche nach einer verlorenen Münze (Lk 15,8 – 10) oder einer hartnäckigen Witwe, die von einem widerstrebenden Richter Gerechtigkeit fordert (Lk 18,1 – 8). Diese Geschichten heben häusliche Erfahrung und weibliche Handlungsfähigkeit als theologische Analogien hervor und bekräftigen, dass sich göttliche Wahrheit im Leben und Handeln von Frauen ebenso offenbart wie im Leben und Handeln von Männern.

Jesu Umgang mit Frauen: Unterbrechung und Wiederherstellung

Jesu Umgang mit Frauen ist in den synoptischen Evangelien stets von Respekt, Aufmerksamkeit und grenzüberschreitendem Mitgefühl geprägt. In einer Kultur, in der Geschlechtertrennung weit verbreitet war und Frauen oft ignoriert wurden, spricht Jesus Frauen direkt an, berührt sie, empfängt ihre Berührung, hört sich ihre Sorgen an und lobt ihren Glauben.

Er antwortet mit Heilung für die gebeugte Frau in Lukas 13 und nennt sie eine "Tochter Abrahams" – ein Titel, der Würde und Zugehörigkeit zum Bund bezeugt. Er spricht von der Witwe von Zarpat (Lukas 4,26) als Empfängerin göttlicher Gunst und erwähnt die Gabe der Witwe im Tempel (Markus 12,41 – 44; Lukas 21,1 – 4) und wertet ihre bescheidene Gabe als Akt wahrer Großzügigkeit. Diese Geschichten stehen in krassem Gegensatz zum Verhalten der religiösen Elite, die oft als stolz, gierig oder gleichgültig dargestellt wird.

Am eindrücklichsten ist vielleicht Jesu Gespräch mit der Syrophönizierin in Markus 7,24 – 30 (Parallele in Matthäus 15,21 – 28). Zunächst lehnt Jesus ihre Bitte um Heilung ab und verweist auf seine Mission für die Kinder Israels. Sie reagiert mutig und geistreich und nimmt sogar die Krümel vom Tisch. Jesus ehrt ihren Glauben und erfüllt ihre Bitte. Diese Szene hat viele Interpreten vor Probleme gestellt, doch feministische Theologen wie Mitzi Smith und Ched Myers sehen darin einen Moment dialogischer Transformation – einen Raum, in dem Jesus herausgefordert wird und die Grenzen seiner Mission durch die Stimme einer Frau erweitert werden.

Jesus bezieht Frauen nicht einfach in diese Interaktionen ein – er erlaubt ihnen, die Bedingungen des Gesprächs neu zu definieren und als Theologinnen, Jüngerinnen und Verkünderinnen der Wahrheit zu agieren. Seine beständige Bestätigung ihrer Anwesenheit stellt sowohl alte als auch moderne Annahmen darüber in Frage, wer spricht, wer führt und wer dazugehört.

Geschlecht, soziale Macht und intersektionale Realitäten

Um die Auseinandersetzung mit dem Geschlecht in den synoptischen Evangelien voll und ganz zu verstehen, müssen wir die Sozialstrukturen der antiken Welt verstehen, insbesondere die Verbindung zwischen Geschlecht, Status, Reinheit und Macht. In der palästinensischen Gesellschaft des 1. Jahrhunderts war, wie in weiten Teilen der griechisch-römischen Welt, das Patriarchat normativ. Männer hatten die Autorität im Haushalt, in der religiösen Führung, im öffentlichen Leben und in Rechtsfragen. Die Rolle der Frau beschränkte sich weitgehend auf den häuslichen Bereich, und ihre Ehre war meist an Keuschheit, Gehorsam und Schweigen in der Öffentlichkeit gebunden.

Doch innerhalb dieses restriktiven Systems waren Frauen nicht gleichgestellt. Soziale Rollen wurden durch Klasse, Ethnie, Familienstand, Alter und sogar rituelle Bedingungen geprägt. Eine wohlhabende Witwe in Jerusalem verfügte über weitaus mehr soziales Kapital als ein junger unverheirateter galiläischer Bauer. Eine Frau mit Blutfluss, wie die von Jesus Geheilte, litt nicht nur körperlich – sie war rituell unrein, wirtschaftlich gefährdet und wahrscheinlich isoliert.

Hier wird Intersektionalität entscheidend. Der Begriff wurde von Kimberlé Crenshaw geprägt und in der feministischen Theologie weiterentwickelt. Er beschreibt, wie verschiedene Aspekte von Identität und

Unterdrückung – wie Rasse, Geschlecht und Klasse – interagieren und Erfahrungen prägen. In den synoptischen Evangelien sehen wir intersektionale Realitäten am Werk: Frauen, die sowohl aufgrund ihres Geschlechts als auch ihrer sozialen Stellung doppelt marginalisiert sind. Die blutungsgeplagte Frau, die syrophönizische Mutter und die Witwe mit nur zwei Münzen sind nicht nur "Frauen" in einer patriarchalischen Gesellschaft – sie sind arm, krank, fremd oder in anderer Hinsicht ausgegrenzt.

Indem er diese sich überschneidenden Realitäten in den Vordergrund stellt, können heutige Leser die Radikalität von Jesu Wirken besser verstehen. Er bejaht Frauen nicht nur als allgemeine Kategorie; er geht auf die konkreten Bedürfnisse einzelner Frauen ein, die von vielfältiger Verletzlichkeit geprägt sind. Er behandelt sie mit Würde, lenkt die Aufmerksamkeit auf ihren Glauben und ihren Mut und stellt sie in Momenten von tiefgreifender theologischer Bedeutung in den Mittelpunkt der Erzählung – insbesondere am Kreuz und am leeren Grab.

Feministische, womanistische und queere Interpretationen

Feministische Bibelwissenschaftlerinnen betonen seit langem die Notwendigkeit, die Stimme der Frauen in der Heiligen Schrift wiederzuentdecken und zu stärken. Persönlichkeiten wie Elisabeth Schüssler Fiorenza, Amy-Jill Levine und Sharon Ringe kritisieren die patriarchalischen Annahmen, die sowohl die biblischen Texte als auch ihre Interpretation geprägt haben. Gleichzeitig entdecken sie Gegenstimmen in den Evangelien – Frauen, die Widerstand leisten, sprechen, handeln und führen. Sie weisen auf die rhetorische und theologische Bedeutung von Frauen hin, wie der Frau mit der Blutung, der Frau, die Jesus salbt, und den Frauen am Grab.

Feministische Lesarten entlarven auch die Grenzen der traditionellen Exegese, die die Rolle der Frau allzu oft vergeistigt, ignoriert oder domestiziert hat. So beschreibt Jesus beispielsweise die namenlose Frau, die Jesus in Markus 14 salbt, als eine, die "etwas Wunderbares getan" und seinen Leichnam für die Beerdigung vorbereitet habe. Dennoch wird ihre Tat in vielen Lesarten als sentimental oder übertrieben abgetan. Die feministische Interpretation besteht darauf, sie als prophetische Zeugin anzuerkennen, die Jesu Tod besser versteht als seine männlichen Jünger.

Die womanistische Interpretation, die auf den Erfahrungen schwarzer Frauen gründet, eröffnet zusätzliche Erkenntnisse. Wissenschaftlerinnen wie Renita Weems, Delores Williams und Wil Gafney erforschen, wie Rasse, Klasse und Überleben die Darstellung und Lesart von Frauen in den Evangelien beeinflussen. Womanistische Lesarten legen besonderen Wert auf Handlungsfähigkeit angesichts von Unterdrückung, die Macht der Erinnerung und die spirituelle Weisheit der Übersehenen. Sie fordern uns heraus, Frauen nicht nur als passive Empfängerinnen von Gnade zu sehen, sondern als Mitschöpferinnen theologischer Erkenntnisse und aktive Teilnehmerinnen an der Entfaltung der Geschichte Gottes.

Queere Lesarten der synoptischen Evangelien laden zu weiteren Überlegungen darüber ein, wie Annahmen über Geschlecht und Sexualität sowohl den Text als auch seine Interpretation prägen. Wissenschaftler wie Tat-siong Benny Liew und Ken Stone untersuchen, wie Normen von Männlichkeit, Familie und sozialer Ehrwürdigkeit durch Jesu Wirken untergraben oder neu interpretiert werden. Jesu Zölibat, die Bildung alternativer Verwandtschaftsnetzwerke und seine Akzeptanz sozial Abweichender stellen starre Binärsysteme in Frage und schaffen Raum für Fluidität, Akzeptanz und Neudefinition.

Diese Interpretationsansätze stimmen nicht immer überein und sollten nicht als austauschbar betrachtet werden. Zusammengenommen bieten sie jedoch einen robusten, gerechtigkeitsorientierten und theologisch fruchtbaren Rahmen für die Lektüre der synoptischen Evangelien mit neuer Aufmerksamkeit für die Rolle der Frau, die Funktion des Geschlechts und den Ruf nach Inklusion und Befreiung in jeder Generation.

Fazit: Jüngerschaft in der Gesellschaft von Frauen neu denken

Die synoptischen Evangelien offenbaren, wenn man sie aufmerksam und unter Berücksichtigung sozialer Strukturen liest, eine Welt, in der Macht und Geschlechterrollen umstritten, neu definiert und neu interpretiert werden. Jesus bezieht Frauen nicht einfach in seinen Dienst ein – er stellt sie in einigen seiner wichtigsten Momente in den Mittelpunkt. Sie leben Glauben vor, wenn andere wanken, verkünden die frohe Botschaft, wenn andere schweigen, und verkörpern Jüngerschaft mit Mut, Einsicht und Liebe.

Doch die Evangelien spiegeln auch die patriarchalischen Kulturen wider, in denen sie geschrieben wurden. Frauen werden oft namenlos genannt, ihre Stimmen werden durch andere vermittelt, und ihren Taten wird nicht immer die volle Bedeutung beigemessen. Die Herausforderung für moderne Leser besteht darin, diese Texte mit kritischer Ehrlichkeit und theologischer Vorstellungskraft zu lesen – und dabei sowohl die Grenzen als auch das befreiende Potenzial des Evangeliumszeugnisses zu erkennen.

Sich in den synoptischen Evangelien mit Frauen, Geschlecht und Macht zu befassen, bedeutet nicht, antike Texte mit modernen Anliegen zu überziehen. Es geht darum, die Radikalität der Botschaft Jesu, den subversiven Charakter des Reiches, das er verkündete, und die Würde, die er allen verlieh, die ihm folgten – ungeachtet von Geschlecht, Status oder gesellschaftlichen Erwartungen –, deutlicher zu vernehmen.

Diese Interpretationsarbeit ist für die Kirche heute von Bedeutung. Sie prägt unser Verständnis von Führung, Gemeinschaft, Verkörperung und Stimme. Sie stellt Systeme in Frage, die marginalisieren, und das Schweigen, das ausschließt. Und sie ruft uns dazu auf, eine Gemeinschaft der Jüngerschaft aufzubauen, die die integrative, grenzüberschreitende und gerechtigkeits-liebende Vision dessen widerspiegelt, der sagte: "Wer den Willen Gottes tut, der ist mein Bruder und meine Schwester und meine Mutter" (Markus 3,35).

Kapitel 11
Reich, Politik und Widerstand in den synoptischen Evangelien

Einleitung: Evangelium im Schatten des Imperiums

Wer die synoptischen Evangelien liest, ohne ihren politischen Kontext zu berücksichtigen, übersieht eine ihrer wichtigsten Dimensionen. Jesus wurde nicht wegen theologischer Abstraktion oder mystischer Einsichten gekreuzigt. Er wurde von einem römischen Statthalter als öffentlicher Dissident hingerichtet – als jemand, der die Ordnung störte, Menschenmengen anzog und beschuldigt wurde, Anspruch auf die Königswürde in einer Welt zu erheben, in der nur Cäsar König war.

Die Evangelien befassen sich zwar nicht ausführlich mit der römischen Herrschaft, doch jede Seite ist von ihrer Gegenwart geprägt. Jesu Wirken findet unter kaiserlicher Besatzung statt, in einem Land, das von Vasallenkönigen, Steuereintreibern und römischen Soldaten regiert wird. Politische Symbole und Spannungen – Münzen mit dem Bildnis des Kaisers, Militärpatrouillen, die Zusammenarbeit der Elite unter den Religionsgemeinschaften – prägen die Landschaft. Vor diesem Hintergrund war die Ankündigung, "das Reich Gottes sei nahe" (Markus 1,15), nicht bloß ein spiritueller Slogan. Es war ein politischer Anspruch, der die Narrative, Strukturen und Werte des Imperiums in Frage stellte.

Dieses Kapitel untersucht, wie sich die synoptischen Evangelien explizit und implizit mit dem Imperium auseinandersetzen. Es geht darum, wie Jesu

Lehren, Taten und Tod mit der römischen Macht interagieren, wie die Evangelisten seine Mission im Gegensatz zur imperialen Ideologie darstellen und wie diese Texte als Akt des Widerstands und der Hoffnung für unterdrückte Gemeinschaften fungieren. Dabei werden wir uns mit postkolonialen Wissenschaftlern und theologischen Stimmen auseinandersetzen, die die Evangelien nicht als Fluchtgeschichten, sondern als Erzählungen von Konfrontation, Mut und kontraimperialer Vorstellungskraft lesen.

Der römisch-kaiserliche Kontext

Wie in Kapitel 3 erläutert, war die römische Kaiserherrschaft im Palästina des 1. Jahrhunderts geprägt von einer Kombination aus militärischer Macht, wirtschaftlicher Ausbeutung und symbolischer Propaganda. Der Kaiser – ob Augustus, Tiberius oder Nero – wurde als "Herr", "Retter", "Sohn Gottes" und als derjenige gefeiert, der durch seinen Sieg Frieden brachte (*PAX ROMANA*). Diese Titel waren nicht nur bürgerlicher, sondern auch theologischer Natur und in Münzen, Tempeln, Inschriften und Ritualen verankert. Das römische System versprach Sicherheit und Ordnung – allerdings auf Kosten von Unterwerfung, Steuern und der Kollaboration der Elite.

In Judäa und Galiläa wurde die römische Herrschaft durch Vasallenkönige (wie Herodes den Großen und seine Söhne), lokale Magistrate und schließlich römische Statthalter wie Pontius Pilatus durchgesetzt. Die Tempelelite – darunter Hohepriester und Sadduzäer – fungierte oft als Vermittler und wahrte ihren Status, indem sie unter römischer Aufsicht für Ordnung sorgte. Immer wieder entstanden Widerstandsbewegungen, von den Zeloten bis zu apokalyptischen Propheten, von denen viele rasch niedergeschlagen wurden.

In diesem Kontext erscheint Jesus, verkündet ein Königreich anderer Art, vollbringt Heilungen und Exorzismen, sammelt Anhänger um sich und wird schließlich wegen Aufruhrs vor Gericht gestellt und hingerichtet: "Der König der Juden."

Jesu Botschaft als politische Herausforderung

Jesu zentrale Verkündigung – "Das Reich Gottes ist nahe" – war sowohl theologisch als auch politisch. Das Wort "Reich" (*basileia*) weckte Assoziationen an Autorität, Herrschaft und Souveränität. In einer Welt, in der der Kaiser universelle Herrschaft beanspruchte, war Jesu Botschaft, dass Gottes Herrschaft durch ihn anbrach, ein radikaler Gegenanspruch.

Seine Taten verstärkten diese Botschaft. Er aß mit Steuereintreibern und Sündern und untergrub so Systeme der Reinheit und Ausgrenzung. Er heilte am Sabbat, stellte legalistische Auslegungen in Frage und bekräftigte die göttliche Autorität über die heilige Zeit. Er trieb Dämonen aus, nicht nur als Exorzismen, sondern als Akte symbolischer Befreiung von unterdrückerischen Mächten. In Gleichnissen beschrieb er Landbesitzer, Könige und Verwalter – stellte dabei aber oft die Erwartungen auf den Kopf und entlarvte die Grausamkeit und Absurdität von Herrschaftssystemen.

Einer der deutlichsten politischen Momente ist der Vorfall im Tempel (Markus 11,15 – 19 und Parallelen), als Jesus Tische umwirft und Händler vertreibt. Obwohl oft als Protest gegen Habgier vergeistigt, sollte diese Tat als prophetische Störung eines wirtschaftlichen und religiösen Systems verstanden werden, das mit imperialen Interessen verflochten war. Der Tempel war nicht nur eine heilige Stätte, sondern auch ein finanzielles und politisches Zentrum, das mit Rom zusammenarbeitete, um Steuern einzutreiben und die Kontrolle zu behalten. Jesu

Handlungen spiegeln Jeremias Verurteilung des Tempels als "Räuberhöhle" wider und bereiteten den Boden für seine Verhaftung und Hinrichtung.

Selbst Jesu Einzug in Jerusalem auf einem Esel (Markus 11,1 – 11) ist eine politisch brisante Parodie. Im Gegensatz zu römischen Triumphzügen – mit Pferden, Armeen und Fanfaren – verkörpert Jesus Sacharjas Prophezeiung eines demütigen Königs (Sach 9,9) und signalisiert damit eine andere Art von Macht. Der aus Psalm 118 übernommene Ruf der Menge "Hosianna" war ein Flehen um Rettung und Erlösung – ein klangvoller Ruf unter Besatzung.

Die Kreuzigung und die Mächte

Die Kreuzigung Jesu ist der politischste Moment in den synoptischen Evangelien. Die Kreuzigung war eine römische öffentliche Hinrichtungsmethode, die politischen Rebellen, Sklaven und Staatsfeinden vorbehalten war. Sie sollte nicht nur töten, sondern auch beschämen und abschrecken. Die ans Kreuz genagelte Bezeichnung "König der Juden" war Spott und Warnung zugleich.

Die Passionsgeschichten zeigen, wie imperiale und religiöse Mächte zusammenarbeiten, um Andersdenkende zum Schweigen zu bringen. Jesus wird verraten, fälschlich angeklagt, verspottet, gefoltert und getötet. Doch selbst hier berichten die Evangelien nicht vom Triumph des Imperiums, sondern von seiner Entlarvung und seinem Untergang. Die Aussage des Hauptmanns – "Wahrhaftig, dieser Mensch war Gottes Sohn!" (Markus 15,39) – untergräbt die römische Ideologie. Der Tempelvorhang zerreißt, die Erde bebt, und Jesus, obwohl gekreuzigt, erweist sich als der wahre Träger göttlicher Autorität.

Im Lukasevangelium wird Jesus als unschuldig dargestellt, wiederholt von Pilatus und anderen für schuldlos erklärt (Lukas 23). Er wird mit anderen unschuldig Hingerichteten verglichen, etwa den Makkabäern. Lukas zeigt Jesus aber auch als entschlossen und prophetisch, der Leiden als notwendigen Weg zur Erlösung und Auferstehung annimmt. Die Kreuzigung wird nicht zur Niederlage, sondern zum Höhepunkt der Konfrontation zwischen Gottes Herrschaft und den Mächten des Todes.

Frühchristlicher Widerstand und das politische Erbe des Evangeliums

Die politischen Implikationen der synoptischen Evangelien endeten nicht mit Jesu Tod. Die frühesten christlichen Gemeinden, einschließlich derer, an die sich die Evangelisten wandten, lebten unter anhaltendem imperialen Druck. Die von ihnen verwendete Sprache – "Evangelium" (*euangelion*), "Herr", "Retter", "Sohn Gottes" – war zutiefst politisiert und spiegelte Titel wider, die Kaiser für sich beanspruchte, und untergrub sie. Jesus "Herr" (griechisch: *kurios*) zu nennen, war nicht nur ein Glaubensbekenntnis, sondern auch ein Akt des Widerstands, die Weigerung, dem Kaiser die höchste Treue zu schwören.

Diese Gemeinschaften versammelten sich in ihren Häusern, teilten Mahlzeiten, kümmerten sich um die Armen und hießen Fremde willkommen – nicht nur als Akt der Nächstenliebe, sondern als Ausdruck einer gegenkulturellen Politik, die im Reich Gottes verwurzelt war. Die Evangelien selbst entstanden in diesem Umfeld: geschrieben für Menschen, die wussten, was es bedeutet, unter Überwachung zu leben, Armut zu erfahren, Verfolgung zu erleiden und auf Erlösung zu hoffen.

In den Synoptikern ist Widerstand nicht immer laut oder offenkundig – er ist oft symbolisch, verkörpert und relational. Jesus lehrt seine Anhänger, die andere

Wange hinzuhalten, die Extrameile zu gehen und ihre Feinde zu lieben – nicht als Duldung, sondern als Form gewaltloser Störung. Seine Gleichnisse heben soziale Hierarchien auf. Seine Tischgemeinschaft definiert Reinheit neu. Sein Kreuz, das Terrorwerkzeug des Reiches, wird zum Sinnbild für Gottes Triumph durch leidende Liebe.

Das politische Zeugnis der synoptischen Evangelien inspirierte die frühe Kirche zu einer Form subversiver Treue: Sie ehrte die herrschende Obrigkeit, wo immer möglich (Mt 22,21), weigerte sich aber, sich ungerechter Macht zu beugen. Für viele führte diese Treue zum Martyrium – nicht als Tod um des Todes willen, sondern als Zeugnis (*martyria*) einer höheren Treue.

Die Evangelien heute politisch lesen

In modernen Kontexten ist die politische Resonanz der synoptischen Evangelien so lebendig wie eh und je. Weltweit lesen Christen diese Texte unter Bedingungen der Unterdrückung, Ungleichheit, Überwachung und des Kampfes. In Lateinamerika, Afrika, Asien und marginalisierten Gemeinschaften im Westen werden die Evangelien nicht nur als religiöse Texte, sondern als Geschichten von Befreiung, Gerechtigkeit und alternativer Macht wahrgenommen.

Befreiungstheologen wie Gustavo Gutiérrez, Jon Sobrino und James Cone betonen, dass das Evangelium eine konkrete Auseinandersetzung mit Unterdrück-ungsstrukturen erfordert. Jesu Identifikation mit den Armen, seine Konfrontation mit den Eliten und seine Hinrichtung durch das Imperium sind keine Nebensächlichkeiten – sie sind wesentlich, um zu verstehen, wer er ist und was Jüngerschaft erfordert.

Heutige Leser sind eingeladen, sich zu fragen: Wo herrscht heute noch ein Imperium? In welchen

Formen bestehen Gewalt, Zwang und Herrschaft fort? Wer wird heute von den Systemen, die wir aufrechterhalten, gekreuzigt? Und was bedeutet es, einem gekreuzigten Messias zu folgen, dessen Reich nicht von dieser Welt ist – sondern durch Taten der Barmherzigkeit, Gerechtigkeit und Wahrheit in sie einbricht?

Damit soll das Evangelium nicht auf politische Ideologie reduziert werden. Vielmehr soll daran erinnert werden, dass das Reich Gottes eine Vision für das ganze Leben ist – eine soziale, wirtschaftliche, spirituelle und körperliche Transformation. Es ist eine Herausforderung für jedes Reich, ob alt oder modern, das absolute Macht beansprucht oder mit Angst und Ausgrenzung handelt.

Fazit: Die Politik des gekreuzigten Königs

Die synoptischen Evangelien verkünden ein Königreich, das nicht durch Throne, Armeen oder Münzen definiert wird, sondern durch Mitgefühl, Gerechtigkeit und kostbare Liebe. Im Mittelpunkt steht ein Mann, der Zwang ablehnte, die Mächtigen herausforderte, die Ausgegrenzten unterstützte und durch die Hand des Staates starb. Und doch, so erklären sie, ist dieser Mann der Herr – nicht der Kaiser.

Wer die Evangelien gewissenhaft liest, betritt eine Geschichte des Widerstands und der Erneuerung. Sie lädt uns ein, die Mächte zu benennen, den Gekreuzigten beizustehen und im Licht einer anderen Herrschaft zu leben. Es bedeutet, Jesu Eröffnungsworte – "Das Reich Gottes ist nahe gekommen, tut Buße und glaubt an das Evangelium!" – wiederzuhören, nicht als Aufruf zur privaten Frömmigkeit, sondern als Aufforderung zu öffentlicher Treue, gemeinschaftlicher Wandlung und mutiger Jüngerschaft.

Zu jeder Zeit müssen sich Jünger Jesu fragen: Welchem Reich dienen wir? Wessen Werte prägen unser Leben? Welche Kreuze ignorieren wir, und auf welche Gräber hoffen wir? Die synoptischen Evangelien bieten keine einfachen Antworten, aber sie zeigen einen Weg – einen schmalen Pfad, der durch den Tod zum Leben, durch den Widerstand zur Auferstehung und durch den Schatten des Reiches zum Licht von Gottes friedlichem Reich führt.

Kapitel 12
Die synoptischen Evangelien und der zeitgenössische Kultur

Einleitung: Alte Worte, lebendige Zeugen

Die synoptischen Evangelien – Matthäus, Markus und Lukas – sind in einer bestimmten Zeit, einem bestimmten Ort und unter bestimmten Menschen verwurzelt. Doch diese Erzählungen, die im ersten Jahrhundert im östlichen Mittelmeerraum verfasst wurden, prägen bis heute das spirituelle, ethische und fantasievolle Leben von Gemeinschaften weltweit. Sie sind mehr als nur historische Aufzeichnungen. Sie sind lebendige Texte, belebt vom auferstandenen Christus und neu interpretiert von Generationen von Lesern, Gemeinschaften und Kulturen.

heutigen Kontexten weiterhin funktionieren, und fragen: Welche Rolle spielen sie im heutigen christlichen Glauben? Wie werden sie – getreu oder verzerrt – in den modernen Medien und der Populärkultur wiedergegeben? Was sagen sie einer Welt, die mit Ungerechtigkeit, Gewalt und Orientierungslosigkeit ringt? Wie können sie die moralische Vorstellungskraft von Gemeinschaften prägen, die nach Wahrheit, Hoffnung und Wandlung streben?

Dieses Kapitel ist nicht der Abschluss des Evangelienstudiums – es ist seine Fortsetzung. Denn die synoptischen Evangelien gehören nicht nur der Vergangenheit an. Sie sprechen die Gegenwart an und rufen uns in die Zukunft: zu einer neuen Art zu leben, zu sehen und in der Welt zu sein.

Die synoptischen Evangelien im christlichen Glauben und in der christlichen Praxis

Für Millionen von Christen weltweit sind die synoptischen Evangelien der spirituelle Herzschlag ihres Glaubens. In Liturgien und Lektionaren, Katechismen und Andachten, Predigten und Sakramenten prägen diese Erzählungen die Art und Weise, wie Gläubige Jesus begegnen und den Ruf zur Jüngerschaft verstehen.

Jedes Evangelium trägt auf seine Weise zu dieser prägenden Kraft bei. Das Matthäusevangelium mit seinen langen Lehrreden, einschließlich der Bergpredigt, bietet eine nachhaltige Ethik für das christliche Leben. Jesus wird als der maßgebliche Lehrer dargestellt, der vom Berggipfel aus die Tora neu interpretiert, Moses nachahmt und eine Vision von Rechtschaffenheit bietet, die in Barmherzigkeit und Gerechtigkeit wurzelt.

Das Markusevangelium hingegen wird oft als eindringlich, dringlich und zutiefst menschlich erlebt. In Gemeinden, die mit Leid, Zweifel oder Ausgrenzung zu kämpfen haben, bietet Markus ein Bild von Jesus als missverstanden, verlassen und gekreuzigt – aber auch als in seiner Macht bestätigt. Seine Betonung des Preises der Jüngerschaft und der Ambivalenz des Glaubens ("Ich glaube; hilf meinem Unglauben", Markus 9,24) spricht Menschen in Krisensituationen zutiefst an.

Das Lukasevangelium hingegen hat unzählige Christen durch seine Aufmerksamkeit für die Armen, sein Lob der Frauen und seine umfassende Vision der Heilsgeschichte inspiriert. Lukas' Jesus ist betend, mitfühlend, vom Heiligen Geist geleitet und schenkt den Ausgeschlossenen tiefe Aufmerksamkeit. Für viele christliche Gemeinschaften weltweit, insbesondere für jene, die von Gerechtigkeitsbewegungen geprägt sind, ist Lukas' Botschaft die eindrucksvollste und inspirierendste der drei Evangelien.

Im kirchlichen Leben werden die Evangelien nicht nur gelesen, sondern auch gelebt – in Ritualen der Taufe, Eucharistie und Heilung, in Nachstellungen von Geburt und Passion sowie in musikalischen, künstlerischen und homiletischen Darbietungen. Sie bieten Sprache für Klage und Lob, für Bekenntnis und Hoffnung. In der persönlichen Andacht kehren Gläubige immer wieder zu Geschichten zurück, wie dem Gleichnis vom Sämann, der Stillung des Sturms und dem Ruf, das Kreuz auf sich zu nehmen – Texte, die über Jahrhunderte und Kontinente hinweg nachwirken.

Doch diese Vitalität erfordert auch eine fortwährende Interpretation. Keine Lesart ist neutral. Jede Begegnung mit den Evangelien ist geprägt vom historischen Kontext, der theologischen Tradition und der kulturellen Weltanschauung. Damit die Evangelien im Mittelpunkt des christlichen Lebens bleiben, müssen sie aufmerksam und mutig gelesen werden – damit sie nicht nur trösten, sondern auch verstören, nicht nur bestärken, sondern verändern.

Die Evangelien in der Populärkultur und den Medien

Über die Kirchenmauern hinaus haben die synoptischen Evangelien die globale Kultur durchdrungen – sie erscheinen in Filmen, Literatur, Musik, Theater, politischer Rhetorik, Protestbewegungen und sogar in der Werbung. Ihr Einfluss auf die kulturelle Vorstellungswelt ist enorm, auch wenn sie ihrer Komplexität und Intention nicht immer gerecht werden.

Im Kino haben Evangeliengeschichten Werke inspiriert, die von ehrfürchtigen Adaptionen (*Jesus of Nazareth* & *The Gospel of Matthew*) bis hin zu provokanten Neuinterpretationen (*The Last Temptation of Christ* & *Jesus Christ Superstar)* reichen. Jeder Film trifft Interpretationsentscheidungen: Welchem Evangelium wird gefolgt, wie wird Jesu Charakter dargestellt, welche Bedeutung wird Wundern, Leiden, Auferstehung oder Lehre beigemessen. Diese Darstellungen prägen die öffentliche Wahrnehmung, insbesondere bei denen, die die Evangelien vielleicht nie direkt gelesen haben.

Aktuelle Projekte wie *The Chosen* Ziel ist es, die Jünger menschlicher darzustellen und Jesu Wirken in einen Kontext zu setzen. Dabei werden oft Evangelieninhalte mit fantasievollen Hintergrund-geschichten vermischt. Dies kann zwar die Zuschauer zu einer tieferen Auseinandersetzung anregen, wirft aber auch Fragen darüber auf, was passiert, wenn die Heilige Schrift dramatisiert, serialisiert und kommerzialisiert wird. Welche Bedeutungen werden betont? Was wird hinzugefügt oder weggelassen? Wer kontrolliert die Darstellung?

In der Literatur dienten die Evangelien als Quelle spiritueller und philosophischer Reflexionen. Schriftsteller wie Leo Tolstoi, Toni Morrison und Marilynne Robinson griffen Evangelienthemen auf, um Vergebung, Gnade, Leiden und Transformation zu erforschen. In der Musik finden sich Bezüge zu Evangelienerzählungen in Werken von Händels *Messias* über Bob Dylans Gospel-Periode bis hin zu Kendrick Lamars prophetischen Texten.

Selbst im politischen Diskurs und in der Werbung wird die Sprache des Evangeliums oft vereinnahmt. Phrasen wie "barmherziger Samariter", "die andere Wange hinhalten" oder "selig sind die Friedensstifter" erscheinen in säkularen Kontexten, oft ihrer theologischen Wurzeln beraubt oder für ideologische Zwecke umgedeutet. Diese Popularisierung kann wirkungsvoll sein – aber auch problematisch, da sie aussagekräftige Texte zu Slogans reduziert.

Die Auseinandersetzung mit den Evangelien erfordert daher theologische Bildung und kritische Auseinandersetzung. Wir müssen fragen: Welche Version von Jesus wird dargestellt? Welche Vision des Königreichs wird vermittelt? Dienen die Texte der Befreiung oder der Zähmung, der Erweckung oder der Betäubung?

Die Evangelien und die zeitgenössische Ethik und Gerechtigkeit

Die synoptischen Evangelien befassen sich nicht nur mit privatem Glauben oder innerer Spiritualität; sie sind zutiefst moralische und politische Texte, die sich intensiv mit den Strukturen der Gesellschaft und den Mustern menschlichen Verhaltens auseinandersetzen. Auf ihren Seiten finden wir Lehren und Taten, die direkt auf die heutigen ethischen und sozialen Herausforderungen eingehen – und bieten keine einfachen Antworten, sondern transformierende Fragen und Werte.

Einer der deutlichsten ethischen Grundsätze in den Evangelien ist Jesu beharrliches Streben nach wirtschaftlicher Gerechtigkeit. Immer wieder warnt er vor den Gefahren des Reichtums und stellt Systeme in Frage, die wenige reich machen und die vielen ausschließen. Im Gleichnis vom reichen Narren (Lukas 12,13 – 21) enthüllt Jesus die Sinnlosigkeit des Besitzes angesichts der Sterblichkeit und des göttlichen Gerichts. In der Bergpredigt des Matthäus (Mt 6,19 – 24) fordert er seine Anhänger auf, Schätze im Himmel zu sammeln, und warnt: Wo der Schatz ist, da ist auch das Herz. Seine Begegnungen mit dem reichen Mann in Markus 10 und mit Zachäus in Lukas 19 zeigen, dass Jüngerschaft nicht nur innere Umkehr, sondern auch konkrete wirtschaftliche Veränderungen erfordert – die Freigabe von Reichtum, die Umverteilung von Ressourcen und großzügiges Eingehen auf die Bedürfnisse anderer.

Daneben üben die Evangelien scharfe Kritik an systemischer Ungerechtigkeit und Heuchelei, insbesondere unter Menschen in religiösen oder gesellschaftlichen Machtpositionen. Jesus prangert Führer an, die ihren Status dazu missbrauchen, anderen zur Last zu fallen, während sie Barmherzigkeit und Mitgefühl ignorieren. In Matthäus 23 übt er scharfe Kritik an Schriftgelehrten und Pharisäern, die für öffentliche Anerkennung Frömmigkeit praktizieren und dabei die "wichtigeren Dinge des Gesetzes, nämlich Gerechtigkeit, Barmherzigkeit und Glauben", vernachlässigen. Diese Auseinandersetzungen sind nicht nur persönlicher Natur – sie sind struktureller Natur und richten sich gegen ein System, das Rituale über Beziehungen und Kontrolle über Fürsorge stellt.

Ebenso herausragend ist Jesu radikale Inklusion und Gastfreundschaft. In allen drei synoptischen Evangelien heißt Jesus stets diejenigen willkommen, die ausgeschlossen sind – sei es aufgrund von Geschlecht, Ethnie, Krankheit, Beruf oder moralischer Überzeugung. Er speist mit Zöllnern und Sündern, spricht in der Öffentlichkeit mit Frauen, berührt Aussätzige, heilt Heiden und macht in seinen Gleichnissen Samariter und Witwen zu Helden. Besonders im Lukasevangelium ist diese Offenheit Teil einer umfassenderen Vision der Umkehr, in der die Niedrigen erhöht und die Stolzen erniedrigt werden. In der heutigen Welt – die voller Fremdenfeindlichkeit, Rassismus, Frauenfeindlichkeit und Angst vor dem "Anderen" ist – rufen die Evangelien die Kirche dazu auf, eine Gemeinschaft der Aufnahme und nicht der Ausgrenzung zu werden.

Die Evangelien bieten auch eine tiefgreifende Kritik an Gewalt und Herrschaft. Jesus lehrt, sich nicht zu rächen, wenn er verletzt wird ("die andere Wange hinhalten"), ruft zur Feindesliebe auf und weigert sich, Gewalt anzuwenden, selbst wenn ihm Verhaftung und Tod drohen. Sein Triumph ist nicht militärisch, sondern auf Opfer ausgerichtet; seine Inthronisierung erfolgt durch das Kreuz. In einer Kultur, die von Gewalt durchdrungen ist – von Militarismus und Waffenkultur bis hin zu Strafvollzugssystemen und Machtmissbrauch –, laden die Evangelien Christen ein, sich eine andere Art von Macht vorzustellen: eine, die auf Verletzlichkeit, Gewaltlosigkeit und erlösendem Leiden beruht.

Diese ethischen Dimensionen sind keine abstrakten Ideale; sie sollen gelebt werden. Die Evangelien waren im Laufe der Geschichte eine Quelle der Inspiration für Gerechtigkeits- und Befreiungsbewegungen. Von Abolitionisten, die den Exodus und die Seligpreisungen zitierten, über Bürgerrechtler wie Martin Luther King Jr., der die Bergpredigt hielt, bis hin zu modernen Verfechtern von Einwanderungsreform, Gefängnisabschaffung, wirtschaftlicher Gerechtigkeit und Klimagerechtigkeit haben die Evangelien Visionen und Taten beflügelt.

Doch sie wurden auch missbraucht – eingesetzt, um Hierarchie, Patriarchat, Kolonialismus und Unterdrückung zu rechtfertigen. Daher erfordert die Lektüre der synoptischen Evangelien heute Urteilsvermögen, Kontextbewusstsein und ethische Verantwortung. Sie sind keine ethischen Handbücher im modernen Sinne und bieten auch keine vorgefertigten politischen Rezepte. Vielmehr vermitteln sie eine Vision der Welt, wie sie sein sollte – einer Welt, in der Barmherzigkeit über Urteil siegt, Fremde willkommen sind, Reichtum geteilt wird und Frieden um jeden Preis angestrebt wird.

Wer die synoptischen Evangelien heute liest, hört nicht nur ein Wort des Trostes, sondern auch einen Aufruf zum Handeln, zur Solidarität und zur Veränderung. Ihre moralische Kraft liegt nicht in der Gesetzlichkeit, sondern in der Vision, die sie bieten: dem Anbruch der Herrschaft Gottes inmitten menschlicher Ungerechtigkeit – einem Reich, in dem die Ersten die Letzten sind und die Letzten endlich gesehen, gehört und geehrt werden.

Fazit: Ein lebendiges Wort für eine sich verändernde Welt

Die synoptischen Evangelien sind noch nicht fertig. Obwohl die Tinte auf den Manuskripten trocken ist, entfaltet sich ihre Geschichte noch immer. In jedem Akt des Lesens, Lehrens, Protestierens, Vergebens, Heilens und Hoffens wird das Evangelium neu gelebt. Seine Wahrheit beschränkt sich nicht auf die Vergangenheit, sondern bricht in der Gegenwart auf – überall dort, wo Menschen nach Gerechtigkeit, Heilung, Zugehörigkeit und Gnade hungern.

In einer Welt des raschen Wandels, der wachsenden Angst und der tiefen Ungerechtigkeit bieten diese alten Texte Mut und Klarheit. Sie stellen die Armen und Ausgegrenzten in den Mittelpunkt, fordern die Mächtigen heraus und verkünden ein Reich nicht der Dominanz, sondern des Friedens. Sie verkünden einen Gott, der unter den Verletzten wandelt, der mit den Sündern isst und der den Tod nicht mit Gewalt, sondern mit Liebe besiegt.

Wer heute die synoptischen Evangelien liest, erfährt eine radikale Einladung: sich von Verzweiflung und Unterdrückung abzuwenden und dem Weg Jesu zu folgen: gekreuzigt, auferstanden und lebendig unter uns. Es bedeutet, in eine Geschichte einzutauchen, die noch immer geschrieben wird – von Künstlern und Aktivisten, Pastoren und Gefangenen, Lehrern und Kindern, Heiligen und Sündern gleichermaßen.

Mögen auch wir unseren Platz in dieser Geschichte finden. Und mögen die Worte der Evangelien – alt, scharfsinnig, schön und wahr – in uns lebendig werden.

www.ingramcontent.com/pod-product-compliance
Lightning Source LLC
LaVergne TN
LVHW021348080426
835508LV00020B/2170